La Fleur du mal

Claude Chabrol

La Fleur du mal

suivi de

Qui est criminelle ?

par Caroline Eliacheff

Albin Michel

22, rue Huyghens, 75014 Paris
www.albin-michel.fr
ISBN 2-226-13675-4

Préface

de Claude Chabrol

J'ai passé commande d'un scénario qui raconterait l'histoire d'une femme acquittée pour un crime qu'elle a commis et qui s'accuserait d'un crime qu'elle n'a pas commis.

Les personnages – actuels – ont tous un passé, mais, malgré les apparences, le temps n'existe pas et le film décline un présent perpétuel, ce dont les dialogues témoignent.

Trois générations sont présentes pour décrire l'évolution de la sensibilité bourgeoise de ces soixante dernières années. Évolution il y a, mais de transformation point, ce qui rend la répétition inévitable, presque douce, bien que ce soit à leur corps défendant.

Parce que le monde change, les bourgeois du XXIe siècle sont persuadés d'être très différents de leurs parents. Mais le jeune couple du film (Mélanie Doutey et Benoît Magimel), s'il a les apparences de la modernité, demeure imprégné des valeurs catholiques du passé, même dans ses transgressions qui restent intrafamiliales.

Ce qui caractérise, pour moi, la bourgeoisie, outre le goût de la possession, c'est le refoulement de la bestialité, surtout celle qui est associée à l'acte sexuel, sous des dehors policés. Vers 1930, les photos coquines de femmes en petite culotte circulaient sous le manteau, mais aujourd'hui, on voit du sexe en prime time et des films pornos un peu plus tard dans la soirée. La bourgeoisie doit donc s'adapter, ne serait-ce que pour survivre. Comme notre société est bourgeoise, j'y perçois un lien direct avec l'intérêt toujours renouvelé que suscite la prostitution chez certains philosophes qui se penchent sur les questions dites « de société ».

Vous ne pensez pas que je vais vous résumer cette histoire. Mais imaginez par exemple que la fille de Papon ait tué son père en 1945...

Micheline (Suzanne Flon), elle, a bien tué son père. Parce que c'était un collaborateur notoire, elle a obtenu, en son temps, un non-lieu. Mais elle l'a tué parce qu'il l'accusait de coucher avec son frère, résistant, qu'il a d'ailleurs dénoncé et qui en est mort. Imaginez la suite : c'est *La Fleur du mal*.

La Fleur du mal

Scénario original
Caroline Eliacheff, Louise L. Lambrichs
Adaptation et dialogues
Claude Chabrol

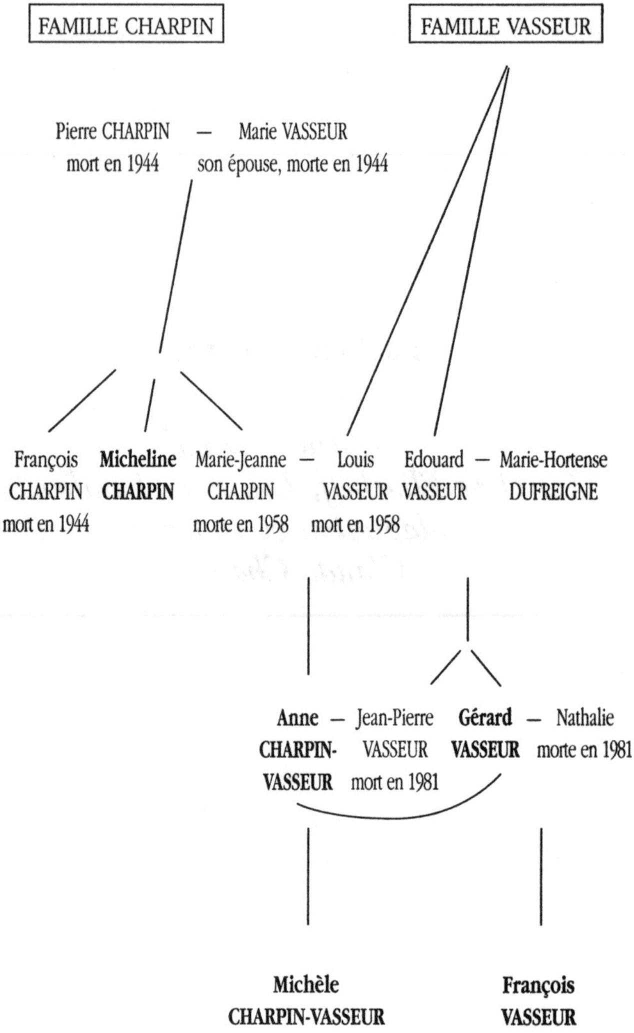
FAMILLE CHARPIN
FAMILLE VASSEUR
Pierre CHARPIN mort en 1944
—
Marie VASSEUR son épouse, morte en 1944
François CHARPIN mort en 1944
Micheline CHARPIN
Marie-Jeanne CHARPIN morte en 1958
—
Louis VASSEUR mort en 1958
Edouard VASSEUR
—
Marie-Hortense DUFREIGNE
Anne CHARPIN-VASSEUR
—
Jean-Pierre VASSEUR mort en 1981
Gérard VASSEUR
—
Nathalie morte en 1981
Michèle CHARPIN-VASSEUR
François VASSEUR

Famille Charpin-Vasseur

Pierre Charpin, mort en 1944.
Marie Charpin, son épouse, morte en 1944.
François Charpin, leur fils aîné, mort en 1944.
Marie-Jeanne Charpin, épouse Vasseur, morte en 1958.
Louis Vasseur, époux de Marie-Jeanne, mort en 1958.
Micheline Charpin, sœur cadette de François et Marie-Jeanne Charpin.
Anne Charpin-Vasseur, fille de Louis et Marie-Jeanne.
Jean-Pierre Vasseur, cousin, puis premier époux d'Anne, père de Michèle, mort en 1981.
Gérard Vasseur, frère du précédent, père de François, deuxième époux d'Anne.
François Vasseur, fils de Gérard Vasseur et de sa première épouse Nathalie, morte en 1981.
Michèle Charpin-Vasseur, fille d'Anne et Jean-Pierre Vasseur.

Tout se déroule dans la région bordelaise.

Générique

1. Maison Charpin, intérieur jour (1945) (steadycam)

Nous pénétrons dans une grande maison bourgeoise. Dès l'entrée, une large aisance est sensible, mais aussi un certain vieillissement des meubles et du décor, comme il était fréquent à la fin de la guerre. Une porte ouverte révèle l'activité d'une soubrette âgée qui est en train de dresser la table de la salle à manger. Nous montons l'escalier. À l'étage, un large couloir dessert les chambres. Certaines portes sont fermées, d'autres ouvertes : telle cette salle de bains presque trop grande aux sanitaires un peu vétustes ; ou cette chambre de jeune fille dont l'occupante est prostrée au pied de la fenêtre, genoux repliés et la tête enfouie dans ses bras, d'une manière quasi fœtale ; ou encore cette grande chambre de maître où gît sur le sol, dans une position grotesque, un homme d'une cinquantaine d'années, le crâne ensanglanté, mort.

Fin du générique

2. Aéroport de Bordeaux, extérieur jour (2001)

Un Airbus atterrit sur la piste et roule jusqu'à son arrêt.

3. Aéroport de Bordeaux, intérieur jour

Des bagages arrivent sur le tapis roulant, bientôt saisis par des mains impatientes. Une grosse valise est empoignée par une jeune main masculine et vigoureuse et déposée sur un caddie proche. Nous accompagnons le caddie vers la sortie. Il est poussé par François Vasseur, 25 ans, jeune homme gracieux et assez beau. Aussitôt dans le hall, François cherche autour de lui un visage connu.

GÉRARD VASSEUR (off) : François !

Le jeune homme avise dans la foule celui qui l'a appelé. Il a une toute petite cinquantaine d'années, est lui aussi grand et avenant. On peut leur trouver une certaine ressemblance. L'aîné fait un petit signe de la main. Le jeune homme s'approche en souriant.

GÉRARD : Alors, fiston ?
FRANÇOIS : Tu as l'air en pleine forme !
GÉRARD : Toi aussi, dis-moi.

Il lui pose affectueusement la main sur le bras. Il y a entre les deux hommes autant d'affection que de retenue.

GÉRARD : Viens, la voiture est juste à côté.

Ils se dirigent vers la sortie.

4. Devant l'aéroport, extérieur jour

Gérard ouvre le coffre à bagages de sa voiture et François enfourne sa valise, puis va sagement ranger son caddie avec les autres.

FRANÇOIS : Tu as le droit de te garer là ?

La voiture est en effet juste à la sortie, dans un endroit normalement interdit au stationnement.

GÉRARD : Anne a réussi à m'avoir un passe officiel. Dis donc, tu n'as pas l'air de t'être trop américanisé.
FRANÇOIS (riant) : Non, pas trop. Pas du tout, j'espère.
GÉRARD : Pourquoi ? Ton séjour t'a déçu ?
FRANÇOIS : Non, pas du tout. Mais trois ans, ça me paraît largement suffisant, tu sais.

Ils s'installent dans la voiture, Gérard au volant. La voiture démarre.

5. De l'aéroport à la ville, intérieur/extérieur jour

Gérard, tout en regardant la route, jette de fréquents coups d'œil à son fils qui, lui, ne le quitte pas du regard, un sourire affectueux aux lèvres.

GÉRARD : Je ne te parle pas d'Amérique, hein ? L'interrogatoire aura lieu tout à l'heure.

Ils rigolent tous les deux.

FRANÇOIS : Tu as l'air en forme !
GÉRARD : Tu me l'as déjà dit.
FRANÇOIS : Ça me frappe. Ton harem te soigne !

Gérard a un sourire coquet.

GÉRARD : À propos de harem, Tante Line a abso-

lument voulu te faire de la lamproie. Alors ne t'étonne pas, tu vas manger de la lamproie !
FRANÇOIS : Ça n'est pas pour me déplaire.

Il regarde autour de lui.

FRANÇOIS : Dis donc, j'ai l'impression que les choses n'ont pas beaucoup changé en trois ans.
GÉRARD : Ça dépend quoi. Attends trois minutes.
FRANÇOIS : Qu'est-ce qu'il y a ?
GÉRARD : Attends trois minutes !

François sort de sa poche un paquet de cigarettes qu'il tend à son père. Gérard fait un signe de tête. François met une cigarette dans la bouche de son père, une dans la sienne et allume les deux.

GÉRARD : Merci ! Je croyais qu'on ne fumait plus en Amérique.
FRANÇOIS : Mais si ! Ils sont quand même moins cons qu'ils veulent le paraître.
GÉRARD : Anne se représente, tu sais ça ?
FRANÇOIS : Je m'en doutais. Michèle m'avait écrit qu'elle adorait être conseillère municipale. Je suis sûr qu'elle brigue la mairie.
GÉRARD : Ne parle pas de malheur !
FRANÇOIS : Ça t'embête ?

Gérard hausse les épaules.

GÉRARD : Ça ne m'embête pas, mais elle n'a pas

besoin de se fourrer ça sur le dos. Tiens, tu vois cette espèce de boutique, là ?

Il ralentit.

6. Une rue, vue de la voiture, intérieur/extérieur jour

Au milieu d'immeubles d'habitation et de quelques boutiques, la caméra s'attarde sur une espèce d'officine d'apparence banale avec un maigre va-et-vient.

7. Voiture Gérard, intérieur/extérieur jour

Gérard regarde son fils avec un air ironique.

GÉRARD : C'est son QG. Avoue que ça ne paie pas de mine.
FRANÇOIS : Écoute, si ça l'amuse...
GÉRARD : Ça ne l'amuse pas. Elle prend ça très au sérieux. Elle t'expliquera ça. Elle a réellement des ambitions politiques.
FRANÇOIS : Je sais que ça l'a toujours intéressée.
GÉRARD : Ouais...
FRANÇOIS : Ça ne te plairait pas d'avoir une femme députée ?

GÉRARD : Écoute, je vais te dire : je m'en fous éperdument.
FRANÇOIS : Ne lui dis pas !

Gérard a un petit rire, comme la voiture s'engage dans une autre rue.

GÉRARD : Tiens, gros malin, regarde s'il n'y a rien de changé.

Il ralentit de nouveau et, avec une certaine vanité, a un mouvement de tête.

8. Autre rue, intérieur/extérieur jour

Ce que désigne Gérard : une pharmacie, une grande pharmacie, flambant neuve, prolongée par un laboratoire d'analyses.

FRANÇOIS (off) : En effet ! Vous avez tout refait à neuf ?
GÉRARD (off) : Qu'est-ce que tu en penses ?
FRANÇOIS (off) : On dirait le grand drugstore de Chicago !

9. Voiture Gérard, intérieur/extérieur jour

Gérard a les yeux brillants.

GÉRARD : C'est fou, hein ? Le chiffre d'affaires a augmenté d'un tiers. J'ai réussi à racheter la librairie Roussot et on y a installé le labo d'analyses. Je te ferai visiter tout ça.
FRANÇOIS (à peine ironique) : Demain, s'il te plaît !
GÉRARD (à peine vexé) : Bien sûr demain ! ou la semaine prochaine.

Il reste un instant silencieux, puis a un petit sourire pour lui-même.

GÉRARD : Tu ne m'as pas demandé ce que devient Michèle.

François regarde son père du coin de l'œil, puis détourne son regard vers la route.

10. Rue, puis avenue d'un quartier résidentiel, intérieur/extérieur jour

À travers le pare-brise de la voiture, nous quittons la rue pour entrer dans un quartier résidentiel, résidentiel depuis longtemps, vraiment huppé.

FRANÇOIS (off) : Que devient Michèle ?
GÉRARD (off) : Elle est splendide. Et brillante. Elle fait une licence de psychologie. Elle ne te l'a pas écrit ?
FRANÇOIS (off) : Si.

11. Avenue résidentielle, extérieur jour

Plongée : la voiture s'engage dans l'allée qui conduit à la demeure familiale des Charpin-Vasseur. Elle stoppe devant le perron. On reconnaît, légèrement rénovée, la grande maison bourgeoise du générique.

12. Entrée maison Charpin, intérieur jour

L'entrée est bien sûr la même, mais avec de subtiles modifications, des « modernisations ». Certains tableaux ont été remplacés, certains meubles aussi, mais la notion de continuité s'impose. Gérard et François traversent l'entrée. François dépose sa valise. Étrangement, Tante Line est en train de mettre le couvert, secondée par Marthe, la soubrette. Tante Line est en train de chantonner, mais s'interrompt en voyant François par l'embrasure de la porte. Elle plante tout sur la table et va rejoindre le jeune homme et son père.

TANTE LINE : Tu finis, Marthe.

C'est une plus que septuagénaire, extrêmement soignée malgré le tablier incongru qu'elle porte autour de la taille. Ses yeux brillent de bonheur.

TANTE LINE : Dis donc, tu as vieilli !
FRANÇOIS : Pas toi.

Ils s'embrassent comme du bon pain.

TANTE LINE : Je t'ai fait de la lamproie.
FRANÇOIS : Papa m'a dit ça.
TANTE LINE : Il ne peut pas tenir sa langue.
GÉRARD : Je ne savais pas que c'était un secret.
TANTE LINE : Tu sais bien que tout est secret, ici.
MICHÈLE (off) : Bonjour François !

François lève les yeux vers l'escalier. À mi-chemin de l'étage, une très belle jeune fille, en pantalon, lui sourit.

FRANÇOIS : Bonjour !

Elle descend les marches en rigolant.

MICHÈLE : Tu as fait bon voyage ? Tu n'es pas trop fatigué ? Tu es content de rentrer au bercail ?

François joue le jeu.

FRANÇOIS : J'étais à Paris depuis quatre jours, tu sais. Ça va maintenant.
MICHÈLE : C'est vrai... Tu as pris ton temps.

Ils sont maintenant près l'un de l'autre, souriants tous les deux, manifestement heureux de se voir. Ils s'embrassent : étrange baiser sous l'œil pacifique et opaque de Tante Line. Gérard met son grain de sel.

GÉRARD : Et moi ? Tu ne m'as pas embrassé ce matin.
MICHÈLE : Ah bon ?

Elle va poser un bisou sur la joue de son beau-père, puis se retourne vers François, désignant sa valise.

MICHÈLE : C'est tout ce que tu as comme bagages ?
FRANÇOIS : Oui. Tu es déçue ?
MICHÈLE : Une seule valise, en revenant de la riche Amérique ?
FRANÇOIS : C'est celle avec laquelle je suis parti. Tu es déçue ?

Tante Line brise doucement mais fermement ce marivaudage.

TANTE LINE : Accompagne-le donc dans sa chambre. Et dépêchez-vous. Dès que ta mère rentre, on se met à table.

Michèle va pour prendre la valise de François, qui l'en empêche.

FRANÇOIS : Ne fais pas l'idiote, c'est trop lourd pour toi.

Il s'empare de la valise et les deux jeunes gens s'engagent dans l'escalier. Gérard se tourne vers Tante Line.

GÉRARD : J'ai le temps de boire un petit whisky ?
TANTE LINE : Si je te dis non, tu le prendras quand même.

13. Palier de l'étage, intérieur jour

François et Michèle arrivent à l'étage.

MICHÈLE : Tu te souviens où est ta chambre ?
FRANÇOIS : Oui, quand même !

Il se dirige vers une des portes du couloir et l'ouvre.

14. Chambre Michèle, intérieur jour

C'est manifestement une chambre de jeune fille (celle-là même, avec une décoration différente, où la jeune fille du générique était prostrée sous la fenêtre). On entend le rire de Michèle.

MICHÈLE (off) : Raté ! C'est la mienne.

François laisse sa valise à la porte et pénètre dans la pièce, suivi par Michèle.

FRANÇOIS : Oui. Tu n'as plus le même dessus-de-lit. Et puis tu as changé la lampe de chevet.
MICHÈLE : C'est ton père qui me l'a offerte pour mon anniversaire.
FRANÇOIS : Pas mal.

C'est Michèle qu'il regarde. Elle lui sourit.

MICHÈLE : Toi, c'est à côté.

Ils sortent de la pièce.

15. Couloir de l'étage, intérieur jour

François reprend sa valise tandis que Michèle ferme la porte de sa chambre. Les deux jeunes gens vont à la porte voisine. C'est Michèle qui l'ouvre ; elle laisse passer François.

16. Chambre François, intérieur jour

François entre lentement, suivi par Michèle. Il jette un regard autour de lui.

FRANÇOIS : Ici, rien de changé, si je ne m'abuse.
MICHÈLE : Rien.

François jette sa valise sur le lit. Michèle s'approche.

MICHÈLE : Tu veux que je t'aide à ranger tes affaires ?
FRANÇOIS : Non. Je ferai ça après déjeuner.

Il s'assied sur le lit.

FRANÇOIS : Alors, la fac, c'est toujours épatant ?
MICHÈLE : Oui, j'aime bien. Ça me sort d'ici.

Un petit silence s'installe, bizarre.

MICHÈLE : Je ne te demande pas tes impressions sur l'Amérique. Je suppose que ce sera le sujet de conversation du déjeuner.
FRANÇOIS (rigolard) : Si ça se limite au déjeuner, je veux bien ! J'ai préparé mon laïus.
MICHÈLE : Ils t'en ont un peu voulu que tu partes, tu sais. Ils n'ont pas très bien compris.
FRANÇOIS : Je suppose que tu ne leur as pas expliqué.

Elle se détourne un peu, ne sachant quoi répondre. Heureusement, le crissement de pneus dans l'allée lui donne l'excuse d'aller regarder par la fenêtre.

17. Allée devant la maison, extérieur jour (point de vue)

Une Safrane vient de s'arrêter devant le perron. En descendent une femme élégante et sérieuse dans la bonne quarantaine (Anne) et un homme plus jeune, la trentaine, de bonne allure (Matthieu Lartigue). Ils se dirigent vers la maison.

18. Chambre François, intérieur jour

Michèle se détourne de la fenêtre.

MICHÈLE : Voilà maman et son garde du corps.

François se lève.

FRANÇOIS : Son garde du corps ?
MICHÈLE : Matthieu. Matthieu Lartigue. Tu ne le connais pas. C'est son second de liste. Il ne la quitte pas d'une semelle. C'est lui qui mène la

barque. Ton père ne peut pas le blairer. Viens, on descend.

Devant tant d'autorité, François obtempère. Mais au moment où Michèle ouvre la porte, il la retient par la manche.

FRANÇOIS : Pourquoi il ne peut pas le blairer ?

Elle se dégage un peu brutalement.

MICHÈLE : Il croit qu'il entraîne maman. Il est furieux qu'elle fasse de la politique.
FRANÇOIS : Le conseil municipal, c'est pas de la politique.

Ils sortent et disparaissent dans le couloir.

MICHÈLE (off) : Elle a des ambitions.

19. Escalier et entrée, intérieur jour

Anne et Matthieu pénètrent dans l'entrée, bientôt rejoints par Tante Line, puis Gérard, un verre à la main.

TANTE LINE : Si c'est possible, j'aimerais bien qu'on se mette à table tout de suite.
ANNE : François est bien arrivé ?
GÉRARD : Il a l'air en pleine forme.

TANTE LINE : Vous déjeunez avec nous, Matthieu ? J'ajoute un couvert, c'est vite fait.
MATTHIEU : Non, hélas, je retourne à la permanence. J'ai pas mal de choses à voir.
GÉRARD : Vous avez le temps de prendre un petit whisky quand même ?
MATTHIEU : Non, non. Vous allez vous mettre à table. Je n'ai vraiment pas le temps.

François et Michèle apparaissent en haut des marches. Ils échangent un coup d'œil.

FRANÇOIS : Bonjour, belle-maman !

Anne regarde les jeunes gens descendre les marches.

ANNE : Belle-maman, c'est nouveau, ça ! (À Matthieu) Il m'appelait Tatoune quand il était petit.

François va embrasser sa belle-mère. Michèle va dire bonjour à Matthieu. Poignée de main appuyée de la part de ce dernier. Anne passe sa main dans les cheveux de François, que ce geste gêne un peu.

ANNE : Alors, tu as fini par revenir !
FRANÇOIS : Je suis revenu parce que j'ai fini.
ANNE : Tiens, je te présente Matthieu Lartigue, il fait équipe avec moi pour les élections.

Gérard finit son verre. François et Matthieu se serrent la main.

FRANÇOIS : Bonjour.
MATTHIEU : Enchanté.
ANNE : Matthieu, revenez prendre le café si vous avez le temps.
MATTHIEU : Si je peux, c'est avec plaisir. Bon, je vous quitte. À tout à l'heure, j'espère.

Il sort.

ANNE : Le pauvre, je lui laisse tout le boulot.
GÉRARD : Je suis sûr que ça lui fait plaisir.
TANTE LINE : Mes enfants, à table, je vous en supplie !

Coupe sur

20. Salle à manger, intérieur jour

Ils sont installés à la table rectangulaire. C'est une vieille salle à manger, de style Louis-Philippe. Les places sont réparties selon la plus saine orthodoxie. Gérard préside, face à sa femme. Les deux jeunes sont côte à côte. Tante Line est seule, au milieu, côté porte de la cuisine. Ils sont en train de déguster la fameuse lamproie. François est sur la sellette.

FRANÇOIS : Le problème avec les Américains, enfin ceux que j'ai connus, mais j'en ai connu pas mal finalement, c'est qu'ils ont deux idées fixes : Dieu et le pognon. Ça ne leur rend pas la vie facile.

Toute la tablée rit.

FRANÇOIS : Mais ce sont des gens chaleureux, très actifs. Ce que je regrette pour eux, c'est qu'ils n'aient pas l'occasion de déguster des lamproies comme celle-là.
TANTE LINE : Je suis bien contente.
FRANÇOIS : Je n'ai jamais vu des gens aussi méfiants sur la nourriture.
GÉRARD : Avec ce qu'ils bouffent, c'est le comble !
FRANÇOIS : Oh, il y a de bonnes choses.
MICHÈLE : Tu t'es converti au hamburger ?
FRANÇOIS : Ça dépend desquels.
GÉRARD : En tout cas, ils ne sont pas encore près de fabriquer ça.

Il s'empare de la bouteille de vin (un haut-brion blanc).

FRANÇOIS (riant) : Si mes souvenirs sont exacts, on ne boit pas tous les jours du haut-brion blanc.
GÉRARD : Non, mais on le fabrique.
MICHÈLE : Pas nous, en tout cas !

Tante Line tend la main vers le plat et l'adresse à François.

TANTE LINE : Ressers-toi, mon chéri.
MICHÈLE : Et nous, on n'y a pas droit ?
TANTE LINE (riant) : Si, si, servez-vous tous.

La sonnerie du portable d'Anne interrompt la conversation.

ANNE : Excusez-moi.

Elle se lève, prend le portable dans la poche de son tailleur et va se réfugier dans l'entrée.

GÉRARD : Qu'est-ce que c'est encore ? Ils ne peuvent pas nous laisser manger tranquilles ?

Visible dans l'entrée, Anne répond au téléphone.

ANNE : Allô ? Oui, Matthieu. Oui...

Elle disparaît. On ne l'entend plus. Gérard se sert du vin et remplit les verres vides.

GÉRARD : Qu'est-ce qu'elle a besoin de se réembarquer dans cette histoire ?
TANTE LINE : Ça lui plaît.
GÉRARD : On ne peut pourtant pas dire que la politique a réussi à la famille.
FRANÇOIS : Papa, je t'en prie.
GÉRARD : Oui. Excusez-moi. Mais tout ça ne me dit rien qui vaille.

MICHÈLE (mi-figue mi-raisin) : Chacun ses faiblesses.

Drôle de regard de Gérard. Michèle reste impassible. François a vu le manège, mais n'a pas de réaction, non plus que Tante Line. C'est le moment que choisit Anne pour réapparaître, l'air légèrement soucieux.

ANNE : Excusez-moi.

Elle regagne sa place.

TANTE LINE : Tu veux encore un peu de lamproie ?
ANNE : Non, merci Tante Line.

Tante Line se lève et commence à faire le service.

MICHÈLE : Assieds-toi ! Appelle Marthe.
TANTE LINE : Marthe surveille la tarte. Aide-moi plutôt !
ANNE : Matthieu va venir prendre le café. Il a quelque chose à me montrer. Je ne sais pas quoi...

Enchaîné sur

21. Même décor, intérieur jour

François s'empare de la dernière portion de la tarte Bourdaloue dont tout le monde, même Anne, est en train de se délecter.

FRANÇOIS (à Michèle) : Tu n'en veux vraiment pas ?
MICHÈLE : Non. Je n'ai pas été sevrée pendant quatre ans, moi.

Gérard regarde discrètement sa femme. Elle lui sourit d'un air un peu contraint. Il lui tapote la main.

GÉRARD : Tu as l'air embêté, ma chérie...
ANNE : Non, non. Penses-tu... (elle prend sur elle et s'adresse à tous) On va prendre le café dans le jardin d'hiver ? Qu'est-ce que vous en pensez ?
GÉRARD : Excellente idée.

Enchaîné sur

22. Jardin d'hiver, intérieur/extérieur jour

C'est une espèce de serre, encombrée de plantes vertes de diverses origines. Au centre, un salon a été installé, avec une table basse et des fauteuils confortables, dans lesquels toute la famille est installée, littéralement vautrée, à l'exception de Tante Line qui est en train de servir le café.

GÉRARD (à son fils) : Je ne voudrais pas enfoncer le clou, mais j'espère que tu ne t'es pas habitué au café américain...

FRANÇOIS : Non, rassure-toi. Mais, crois-moi ou pas, il y a à Chicago des endroits où on peut boire de l'excellent café.

On entend la sonnerie de la porte d'entrée. Gérard se tourne vers sa femme.

GÉRARD : Tiens, voilà ton chevalier servant !
ANNE : Je t'en prie, Gérard ! (Elle hausse la voix) Par ici, Matthieu !

Matthieu Lartigue pénètre dans la pièce. Son comportement est assez différent, plus compassé, plus gêné.

TANTE LINE : Venez, Matthieu. Asseyez-vous. Je vous sers votre café.
MATTHIEU : Merci... Vous êtes très aimable.
MICHÈLE : Vous en faites, une tête !
MATTHIEU : Oui, je m'en doute.

Il s'adresse directement à Anne.

MATTHIEU : Il arrive un truc assez embêtant. Je ne sais pas... vous préférerez peut-être qu'on en parle seul à seule.
ANNE : Écoutez, je ne sais pas de quoi il s'agit, mais en tout cas, certainement pas.

Gérard s'engouffre dans la brèche.

GÉRARD : Il faut que vous compreniez quelque chose, Matthieu. Nous sommes une famille.

MATTHIEU : Justement, monsieur, il s'agit d'une attaque contre votre famille.
GÉRARD : Raison de plus.
ANNE : Quelle attaque ?

Matthieu sort de sa poche une double feuille de papier pliée en quatre.

MATTHIEU : Je sais bien que ça arrive régulièrement dans les campagnes électorales. On sourit et on frappe au-dessous de la ceinture. Là, ils frappent très fort.
ANNE : Qui ça, *ils* ?
MATTHIEU : Je ne sais pas. Vous voulez que je vous lise ?
ANNE : Passez-moi ça !

Mais Gérard s'interpose.

GÉRARD : Non, je t'en prie, Anne. Lisez-nous ce torchon, Matthieu.
ANNE : Tu t'intéresses à la politique, maintenant ?
GÉRARD : Je t'en prie, Anne.
MATTHIEU : C'est effectivement un torchon. Je vous demande de m'excuser de ce que vous allez entendre.
MICHÈLE : Vous n'y êtes pour rien.

Matthieu lui jette un regard reconnaissant. François, lui, jette un œil compatissant sur Tante Line qui est immobile, comme figée.

MATTHIEU (lisant) : « Elle est bien bonne ! La Charpin-Vasseur remet ça ! Malheur à nous, elle y a pris goût ! Depuis que les Charpin et les Vasseur se marient entre eux, ils sont capables de tout, ces Zoulous dégénérés... »

Il s'interrompt.

MATTHIEU : Écoutez, ça m'embête de continuer...

Brutalement, Anne lui arrache le papier des mains et continue la lecture.

ANNE : « ... ces Zoulous dégénérés. En 1981, Charpin-Vasseur et la femme de son frère aîné se sont tués dans un mystérieux accident de voiture. Qu'à cela ne tienne, la veuve a épousé le veuf. Comme ça, elle peut comparer les deux bestiaux... »
FRANÇOIS : C'est insensé !

Le regard de Tante Line est complètement fixe. Elle est comme prostrée.

Coupe sur

23. Le jardin d'hiver/découverte salon et entrée, intérieur jour

Le jardin d'hiver est vide et son agencement légèrement différent : les plantes ne sont pas les mêmes, ni à la même place. La table et les fauteuils sont beaucoup plus près du mur. À travers les portes ouvertes, la caméra s'avance lentement dans le salon, vers le hall d'entrée. Tandis que la voix d'Anne continue la lecture du libelle, la sonnerie du téléphone se superpose à elle, suivie par la voix de Tante Line.

VOIX D'ANNE : « ... C'est la famille tuyau de poêle, mais le tuyau de poêle n'est pas verni ! En 1958, elle a fêté l'événement de la Cinquième République avec un accident d'avion qui a causé la mort du père et de la mère de la candidate. À l'époque, ils s'appelaient seulement Vasseur. Il valait mieux cacher le nom de Charpin sous son tas de fumier... »
VOIX DE TANTE LINE : Ne vous dérangez pas, j'y vais.

Bruits de pas. La sonnerie s'interrompt.

VOIX DE TANTE LINE : Oui... Non... Elle est absente... Bien sûr. Je suis sa tante... Quoi ? Oh mon Dieu ! Mais... Tous les deux, mais comment ?... ils étaient ensemble ?... Ils étaient ensemble !...
VOIX DE MICHÈLE : Tante Line !

Coupe sur

24. Jardin d'hiver, intérieur jour

Tante Line a un sursaut, comme si elle sortait d'un rêve.

MICHÈLE : Ça va ?
TANTE LINE : Oui, oui, ma chérie... Je pensais... Oui, ça va très bien.

Elle tapote la main de Michèle.

GÉRARD (à sa femme) : C'est tout ? Ce charmant libelle est terminé ?

Anne est en train de lire silencieusement la suite du tract. Elle est atterrée.

ANNE : Non, oh non, mais...
GÉRARD : Eh bien, continue. C'est très instructif.

Matthieu se tortille sur son fauteuil.

MATTHIEU : J'avoue que je suis assez gêné. Je peux me retirer, si vous voulez...

Anne reprend du poil de la bête.

ANNE : Non, Matthieu. Vous devez rester ici. Tout cela a un rapport direct avec les élections. Voilà la suite. (Elle se tourne vers Tante Line) Je suis désolée, Tante Line.

Tante Line regarde sa nièce avec douceur.

TANTE LINE : Oh, je crois que je sais ce dont il s'agit, mon chou. Ne te tracasse pas pour moi.
ANNE : « ... Pierre Charpin, le grand-père, a exercé un important poste administratif entre 1940 et 1944. Ce qui n'a pas été du goût de son fils qui a rompu avec sa famille, et s'est fait tuer comme maquisard quelques jours après le débarquement en Normandie. C'est ce qui arrive quand on ne met pas tous ses œufs dans le même panier... »
MICHÈLE : Quelle horreur !
ANNE : « ... Une sacrée omelette ! Pierre Charpin a été assassiné peu après et dans des conditions tellement étranges qu'on a même soupçonné une de ses filles, Micheline... »

Presque involontairement, les regards se portent sur Tante Line, qui reste impassible.

MICHÈLE : Mais comment peut-on être aussi dégueulasse ? Tu as eu un non-lieu, Tante Line !
TANTE LINE (très doucement) : Ça n'a pas d'importance, ma chérie.
ANNE : « ... Le non-lieu n'a convaincu personne, pas plus que l'explication officielle d'une vengeance politique. La femme de Pierre Charpin est morte, de chagrin point d'interrogation, quelques semaines plus tard. Mauvaise année pour les Charpin. Et bien des coups du sort en cinquante ans.

Ces gens-là n'ont pas de veine. Espérons que dans quinze jours, au moment du vote, Mme Anne Charpin-Vasseur, la Jeanne d'Arc à la cuisse légère, perpétuera la tradition et sera royalement balayée. »

Elle replie soigneusement le papier.

FRANÇOIS : Qui a écrit ça ?
MATTHIEU : Ça m'étonnerait qu'on arrive à le savoir.
FRANÇOIS : On pourrait chercher, quand même. Je sais pas... l'imprimeur ?...
MATTHIEU : Pas d'imprimeur, c'est trop dégueulasse ! Ça fait partie du charme.

Gérard ne peut plus se contenir. Il se lève. Il se met à marcher.

GÉRARD : Ah, je vous en prie, ne faites pas d'humour.
MATTHIEU : Excusez-moi.
GÉRARD : Décidément, je déteste la politique.
ANNE : Mais ce n'est pas de la politique, ça !
GÉRARD : N'empêche ! Tu ne te serais pas embarquée dans cette histoire de conseil municipal, on n'aurait pas eu droit à ce... à cette page de littérature.

C'est Tante Line qui se lève, maintenant.

TANTE LINE : Je vous fais un autre café ?

Anne lui jette un coup d'œil reconnaissant.

ANNE : Oui, Tante Line, avec plaisir.

Tante Line s'empare de la cafetière et se dirige discrètement vers la cuisine.

MICHÈLE : Comment est-ce qu'elle a pu supporter ça comme ça ?
ANNE : Elle est forte, tu sais.
MICHÈLE : Qu'est-ce que tu vas faire ?
ANNE : Je vais me battre, mon petit.

Elle aussi se lève et s'adresse directement à Matthieu.

ANNE : Quel est le programme pour cet après-midi ?
MATTHIEU : Les HLM. Mais si vous voulez...
ANNE : On ne change rien. Vous n'êtes pas d'accord ?
MATTHIEU : Je n'ai pas à être d'accord ou pas d'accord. Je vous suis.

Gérard, qui est resté debout, légèrement en retrait, ne peut s'empêcher de hausser légèrement les épaules. François le regarde, perplexe.

Coupe sur

25. Cuisine, intérieur jour

Tante Line est en train de préparer le café, tandis que Marthe achève la vaisselle.

TANTE LINE (à Marthe) : Pourquoi vous ne voulez pas utiliser la machine, Marthe ?
MARTHE : Je vais plus vite qu'elle. Moi, j'ai rien demandé.

Tante Line rigole, en versant le café dans la cafetière.

TANTE LINE : Il faut vivre avec son temps, Marthe.
MARTHE : Tout n'est pas bon dans le progrès.

Tante Line sort, la cafetière à la main.

26. Hall, salon, jardin d'hiver, intérieur jour

Tante Line se dirige à travers les pièces vers le jardin d'hiver. Son visage est doux et impassible. Au fur et à mesure qu'elle avance, la voix de Gérard, d'abord imprécise, se fait distincte.

GÉRARD (off) : Tu me comprends bien, Anne ? Je n'ai pas du tout dans la tête de diriger ta vie, ni de t'empêcher de faire ce que tu as envie de faire.

ANNE (off) : Je sais, Gérard.
GÉRARD (off) : Mais je suppose que tu te rends compte aussi bien que moi que cette obstination à vouloir t'impliquer dans... tout ça, je ne sais pas comment le dire...
ANNE (off) : La vie sociale ?
GÉRARD (off) : La vie sociale, si tu veux... n'attire que des catastrophes.

Tante Line arrive à la hauteur du jardin d'hiver. Gérard est debout, va et vient lentement au milieu des plantes vertes. Anne est debout, elle aussi, en train d'allumer une cigarette, s'efforçant de ne pas montrer sa nervosité. Les trois autres n'ont pas bougé. Étrangement, tous donnent l'impression d'animaux dans la jungle. À l'entrée de Tante Line, Gérard lui tourne le dos et ne la voit pas.

GÉRARD : Et franchement, je trouve que ce torchon fait déborder le vase.

Michèle a un petit rire qui lui attire un regard complice de François.

GÉRARD (à Michèle) : Je ne vois pas ce qui te fait rigoler.
MICHÈLE : L'image... Le torchon qui fait déborder le vase... Pourquoi pas la goutte d'eau qui met le feu aux poudres, tant que tu y es ?
GÉRARD : J'aimerais que la réalité soit aussi drôle.

Tante Line se glisse dans le court silence qui suit.

TANTE LINE : Je sers du café à tout le monde ?
FRANÇOIS : Oui, Tante Line, merci.

Les autres acquiescent, même Gérard.

GÉRARD : Oui, merci, Tante Line.

Tante Line sert les cafés pendant que Matthieu se décide à asticoter Gérard.

MATTHIEU : Vous savez, monsieur, on en voit d'autres pendant les campagnes électorales. Chacun lâche son venin. Ça fait partie du jeu.

Gérard le regarde d'un air peu amène.

GÉRARD : Vous ne comprenez pas très bien la situation, mon vieux. C'est vrai, tout ce qu'ils racontent.
MICHÈLE : Un peu tendancieux quand même, non ?
GÉRARD : Oui, tendancieux, mais vrai.

Anne boit sa tasse de café d'un trait et regarde sa montre.

ANNE : Bon, mon petit Matthieu, si on ne veut pas être en retard, il faut partir tout de suite. (À Gérard) En politique, comme tu dis, le plus grave, c'est d'être en retard pour la visite des HLM.

Elle atténue son propos en lui caressant la joue du doigt.

GÉRARD : Je dis ce que je pense et tu fais ce que tu veux.
ANNE : Tu viendras au vin d'honneur, dimanche ?
GÉRARD : C'est indispensable ?
ANNE : Il y aura des belles filles.

Gérard lui fait un clin d'œil.

GÉRARD : Alors ! J'irai au vin d'honneur.

Il lui prend la main et lui embrasse la paume. Puis il s'adresse à Michèle.

GÉRARD : Je t'emmène à la fac ?

Michèle repose lentement sa tasse de café vide.

MICHÈLE : Non, je n'y vais pas cet après-midi.
GÉRARD : Tu sèches ?
ANNE : Tu sèches ??
MICHÈLE : Tout le monde sèche, cet après-midi. C'est la grève.
GÉRARD : Qu'est-ce que c'est que cette histoire ?
ANNE : Ah oui, c'est vrai.
GÉRARD : C'est insensé ! Et pourquoi ?
MICHÈLE : J'en sais rien. Un jour de grève, ça fera du bien à tout le monde.
MATTHIEU (pour une fois rigolard) : En tout cas, ça ne fait de mal à personne.

Il se lève.

ANNE : Allez, le révolutionnaire, on y va.

Elle embrasse son mari, sa fille et François, tandis que Matthieu salue la compagnie. Puis elle prend Tante Line par l'épaule.

ANNE : Tu veux venir avec nous ?
TANTE LINE : Non, ma chérie. J'ai des choses à faire dans le jardin. Tu n'as pas besoin de moi ?
GÉRARD : Moi j'aurai besoin de vous lundi, Tante Line, j'ai tout un tas de papiers à trier.
TANTE LINE : Tu me vouvoies, maintenant ?
GÉRARD : Toujours quand il s'agit de travail. Bon, personne ne vient avec moi en ville ?
MICHÈLE : Personne !
FRANÇOIS : Non, tu es gentil, mais je vais ranger mes affaires et me reposer un petit peu.

Anne et Matthieu se sont déjà éclipsés.

GÉRARD : Bon, salut mes enfants. À ce soir !

Il quitte lui aussi le salon d'hiver. Tante Line le regarde partir, toujours souriante, toujours impassible.

TANTE LINE : Il reste trois gouttes de café.

Coupe sur

27. Devant la maison, extérieur jour

Gérard sort de la maison. Il avise Anne qui s'apprête à monter dans la voiture dont Matthieu tient déjà le volant.

GÉRARD : Anne !

Anne interrompt son mouvement et fait deux pas vers son mari qui la rejoint.

GÉRARD (à voix basse) : Tu ne m'en veux pas ?
ANNE : Mais non. Ne sois pas idiot.

Elle lui sourit machinalement et va s'installer dans la voiture. Matthieu démarre aussitôt. Gérard se dirige vers sa voiture.

28. Chambre François, intérieur/extérieur jour

François regarde son père démarrer à son tour et se retourne vers la porte que Michèle vient d'ouvrir.

MICHÈLE : Je peux t'aider ?

François va vers elle en rigolant.

FRANÇOIS : Si tu veux, mais jure-moi que ce n'est pas par curiosité.

Sans répondre, Michèle se dirige vers la valise qu'elle ouvre. C'est une valise faite par un homme, plutôt soigneux quand même.

MICHÈLE : C'est toi qui as rangé ta valise ?
FRANÇOIS : Absolument.
MICHÈLE : Pas mal !
FRANÇOIS : Tu aurais fait mieux ?
MICHÈLE : Pas sûr. Mais peut-être...

François sort peu à peu ses affaires de la valise et va les ranger dans l'armoire ou la commode. Michèle s'est assise sur le lit. En fait, elle ne fait pas un geste pour l'aider : elle le regarde.

FRANÇOIS : Tu vois un paquet vert ?

Elle regarde dans la valise, il y a un paquet vert.

MICHÈLE : Oui.
FRANÇOIS : Prends-le, c'est pour toi.

Elle le prend, le regarde un instant et le pose à côté d'elle.

MICHÈLE : Merci, c'est gentil.
FRANÇOIS : Tu ne l'ouvres pas ?
MICHÈLE : Je ne suis pas pressée.
FRANÇOIS : Tu t'en fous ?
MICHÈLE : Non.

Une petite gêne s'installe.

FRANÇOIS : Dis donc, de faire de la psychologie, ça t'a rendue un peu compliquée, non ?
MICHÈLE : C'est pas compliqué : j'ai envie d'être seule pour l'ouvrir.
FRANÇOIS : Eh bien, isole-toi et ouvre-le.
MICHÈLE : Non, je ne veux pas te quitter.

François continue son va-et-vient. Michèle le suit un instant des yeux, puis se lance.

MICHÈLE : Je sais pourquoi tu es parti.
FRANÇOIS : Ah bon !
MICHÈLE : Tu es parti parce que tu avais peur de ce que tu pouvais faire.

Il se retrouve près d'elle. Il lui prend une mèche de cheveux entre deux doigts.

FRANÇOIS : Tu crois ça ?

Coupe sur

29. Voiture Matthieu, intérieur/extérieur jour

La voiture se dirige vers la zone de HLM. Anne regarde d'un air nonchalant par la vitre.

ANNE : Ça vaut vraiment le coup, ces HLM ? Vous avez étudié les votes de la dernière fois ?

MATTHIEU : Il y a des voix à grappiller du côté des abstentionnistes et du FN. Et puis, c'est vous qui avez rénové le quartier.

Anne regarde Matthieu avec une sorte d'affection.

ANNE : C'est vous qui avez fait savoir que je m'étais occupée du quartier. Vous vous en êtes occupé autant que moi.
MATTHIEU : Vous voyez, ça va aller.

Anne regarde Matthieu, intriguée.

ANNE : Pourquoi êtes-vous dévoué, mon cher Matthieu ?

Matthieu lui jette un regard. Il sourit.

MATTHIEU : Tactique. Plan de carrière. Comme tout bon politique, j'attends mon heure.
ANNE : Vous êtes ambitieux, hein !
MATTHIEU : Vous le savez bien. On arrive.

Matthieu gare la voiture en marche arrière sur une place du parking de la cité.

ANNE : Vous croyez qu'ils ont reçu le tract ?
MATTHIEU : Ce sera la surprise.

30. Parking HLM, extérieur jour

Anne et Matthieu sortent de la voiture, chacun de son côté. Matthieu prend son attaché-case sur la banquette arrière. Il en extirpe quelques feuilles de papier.

MATTHIEU : D'après vos tuyaux, vous avez un admirateur, dans l'escalier A au troisième étage. Jules Labière, retraité SNCF.
ANNE : Comment vous savez ça ?
MATTHIEU : Il a voté pour vous la dernière fois. Il n'a pris que votre bulletin avant d'aller dans l'isoloir.

Autour d'eux, l'endroit est quasiment désert. Ça ne le rend pas plus gai, mais il n'a rien d'inquiétant et il n'y a pas de graffitis en trop grand nombre sur les murs. Anne regarde autour d'elle.

ANNE : Ça a l'air vivable. Quand je pense à ce que c'était ça fait quatre ans !
MATTHIEU : Vous voyez bien ! Allez, nous pouvons entrer la tête haute.

Ils entrent, la tête haute, déjà souriants.

Coupe sur

31. Pharmacie Gérard, intérieur/extérieur jour

Gérard entre dans la pharmacie. C'est ce qu'on appelle une grande pharmacie, savamment divisée en trois composantes principales : produits pharmaceutiques, parfumerie et appareillages de confort. Trois jeunes femmes en blouse blanche et deux hommes, également en blouse blanche, servent la clientèle (six ou sept personnes). Une des jeunes femmes, qui vient de servir sa cliente, se dirige vers Gérard. Ce dernier lui prend amicalement le bras.

HÉLÈNE : Bonjour, monsieur.
GÉRARD : Bonjour, mon petit. Tout va bien ?
HÉLÈNE : Ce matin, c'était assez calme. Mais depuis deux heures, ça n'arrête pas.

Gérard jette un coup d'œil vers les clients. Parmi eux, une jolie jeune fille qui regarde dans leur direction. La jeune femme qui la sert tend deux flacons.

LA VENDEUSE : Voici, mademoiselle.

Gérard reporte son regard sur Hélène.

GÉRARD : Bon, Hélène. Il faut que je passe au labo. Je viendrai vous donner un coup de main tout à l'heure.

Un client entre à cet instant. Hélène s'adresse à lui.

HÉLÈNE : Bonjour, monsieur.

Le client lui tend une ordonnance, tandis que la jeune fille quitte la pharmacie. Gérard s'éclipse par une porte au fond de l'officine.

32. Couloir pharmacie, intérieur jour

Gérard parcourt le couloir, il tâte ses poches. Il s'arrête devant une porte qu'il ouvre.

33. Bureau 1, intérieur jour

C'est un bureau assez fonctionnel, avec des classeurs, une imprimante, une ronéo. Gérard y pénètre, ouvre un classeur, en sort une cartouche de cigarettes entamée, s'empare d'un paquet et sort.

34. Idem 32 et labo, intérieur jour

Tout en allumant une cigarette, Gérard continue sa marche dans le couloir et atteint une porte en

verre dépoli sur laquelle est inscrit : « Laboratoire d'analyses ». Il l'ouvre. Quatre laborantins sont au travail, dosant, centrifugeant, analysant divers liquides.
Gérard s'adresse à eux, dans un sourire généralisé.

GÉRARD (jovial) : Bonjour, mes amis. Tout va bien ?

Les quatre visages se lèvent un instant.

UN LABORANTIN : Bonjour, monsieur. Tout va bien. Pas de problème.

Gérard a déjà refermé la porte et se dirige vers un escalier dont il monte allègrement les marches.

35. Accueil et bureau laboratoire, intérieur jour

Le décor est complètement différent, cossu, soigné. Derrière un beau bureau d'employé, une secrétaire respectable est en train de répondre au téléphone.

LA SECRÉTAIRE : Oui, monsieur. Quand notre visiteur passera vous voir... oui, monsieur Merlin, c'est ça... il vous donnera tous les renseignements sur ce nouveau produit... Non... beaucoup plus intéressant... Nous n'avons décelé absolument aucun effet secondaire.

Pendant ce temps, Gérard est entré par une porte latérale et s'est approché du bureau. La secrétaire lui sourit.

LA SECRÉTAIRE (au téléphone) : Excusez-moi une seconde.

Elle pose la main sur le téléphone et s'adresse à Gérard.

LA SECRÉTAIRE (avec un sourire) : Bonjour, monsieur. Quelqu'un vous attend dans votre bureau.
GÉRARD : Merci, Véronique.
LA SECRÉTAIRE : Une jeune fille.
GÉRARD : Je sais. Merci, Véronique.

Il pénètre dans son bureau.

36. Grand bureau, intérieur jour

Gérard entre dans le bureau où attend sagement la jeune fille entrevue dans l'officine.

GÉRARD : Ma chère Adrienne. Asseyez-vous, je vous en prie, mon enfant.

37. Accueil laboratoire, intérieur jour

Véronique, la secrétaire, est en train de raccrocher son téléphone au moment où Gérard referme la porte du bureau. Elle ne semble avoir aucun doute sur ce qui se passe derrière cette porte.

Enchaîné sur

38. Escalier de HLM, intérieur jour

Anne et Matthieu sortent d'un appartement. Matthieu fait des mines.

MATTHIEU : Faites-nous confiance, madame.

La porte de l'appartement se referme.

ANNE : J'ai l'impression qu'on a fait chou blanc.
MATTHIEU : On ne sait jamais.

Il sonne à une autre porte. Ils restent ainsi quelques secondes face à la porte qui ne s'ouvre pas.

MATTHIEU : Je ressonne ?
ANNE : Jamais !

Ils s'éloignent de la porte close et pénètrent dans l'escalier qu'ils se mettent à descendre.

ANNE : J'ai vraiment l'impression qu'on fait la manche.
MATTHIEU : Je sais bien, mais les autres le font, alors faut le faire.
ANNE : Pauvres de nous !

Ils rient tous les deux en arrivant sur le palier de l'étage inférieur.
Matthieu cherche des yeux la porte à laquelle il veut frapper.

MATTHIEU : Attendez, c'est là. Labière Jules. C'est votre admirateur.
ANNE : N'arrivons pas en terrain conquis.

Matthieu sonne. Un chien lui répond par un aboiement rageur.

ANNE : Ça commence bien ! Plus ils sont pauvres, plus les chiens sont gros et méchants !
MATTHIEU : Pas de panique.

Ils restent encore quand la porte s'entrouvre, retenue par une chaîne intérieure. On entrevoit une femme assez âgée tenant dans ses bras un chien minuscule qui aboie très fort.

LA FEMME ÂGÉE (THÉRÈSE) : Qu'est-ce que c'est ?

Matthieu vient en première ligne.

MATTHIEU : C'est pour les élections de dimanche,

vous êtes au courant ? C'est Anne Charpin-Vasseur qui est déjà votre conseillère municipale.

Venant de l'appartement, on entend la voix du mari de Thérèse, Jules.

JULES (off) : Mais ouvre donc !

Thérèse obtempère. Matthieu s'écarte pour laisser passer Anne. Le petit chien s'est tu.

39. Appartement Labière, intérieur jour

La pièce à vivre n'est pas grande et meublée chichement, avec des efforts touchants de décoration. Comme Anne et Matthieu pénètrent à pas mesurés, le petit chien profite de ce que Thérèse referme la porte pour s'échapper de ses bras et se précipiter vers Anne, qui a un mouvement de recul qui fait sourire Thérèse.

JULES : Thérèse, boucle-moi cet avorton !

Thérèse obéit. Elle prend le petit chien et l'emmène dans la chambre voisine.

THÉRÈSE : Allons, viens, mon chéri.
JULES : Asseyez-vous, je vous en prie.

Il désigne le petit canapé, mais Anne et Matthieu

préfèrent deux chaises assez éloignées l'une de l'autre.

MATTHIEU : Alors, monsieur Labière, vous l'avez eu, votre appartement du troisième étage.
JULES : Encore heureux que je l'aie eu, je l'ai assez attendu.
ANNE : Mais vous êtes content, maintenant.
JULES : Ça, c'est mieux qu'au rez-de-chaussée où il y avait tous ces gamins qui viennent faire des saletés sur les carreaux. Mais ça serait encore mieux si l'ascenseur n'était pas en panne si souvent.
ANNE : Oui, je sais. Ça fait partie de mon programme pour l'année prochaine, de faire revoir les ascenseurs.
JULES : C'est surtout à cause de ces petits salauds qui ne cherchent qu'à faire le mal.
ANNE : Ah, tout de même, le quartier a bien changé, non ?

Thérèse est venue s'asseoir à côté de son mari et met son grain de sel.

THÉRÈSE : Ça, c'est sûr que c'est mieux. N'empêche qu'il manque toujours un banc, et quand on va pour marcher et qu'on a un peu de mou dans les jambes, on est obligé de s'asseoir sur son pouce, si vous voyez ce que je veux dire.
ANNE : Matthieu, soyez gentil, notez qu'il

manque un banc, s'il vous plaît. C'est insensé qu'ils n'aient pas prévu de banc.

Matthieu tire de sa poche un carnet et note consciencieusement.

ANNE : Je ne vous ai pas présenté M. Matthieu Lartigue, qui est mon bras droit et le second sur ma liste. C'est un remarquable juriste, et très efficace.

Matthieu lève les yeux et sourit aux deux vieillards indifférents.

THÉRÈSE (à Matthieu) : Vous avez noté, pour le banc ?
MATTHIEU : Oui, bien sûr, et j'ai mis votre ascenseur en priorité.
ANNE (aux Labière) : Vous n'oubliez pas que c'est les élections dimanche, alors il faut venir voter pour moi, hein ? Et pour M. Lartigue. Nous avons besoin de vous pour encore améliorer le quartier et pour que Mme Labière ait son banc.
MATTHIEU : Nous avons besoin de toutes les bonnes volontés.

Jules lève un œil suspicieux.

JULES : Comment ça ? À notre âge, on ne peut pas faire grand-chose.
ANNE : Vous pouvez voter pour nous. Le plus grand nombre de voix nous aurons, plus vite nous pour-

rons satisfaire vos demandes. N'oubliez pas que ce que je vous ai promis la dernière fois, vous l'avez eu.
THÉRÈSE : Sauf le banc.
ANNE : Justement, madame Labière, il faut nous aider en nous apportant vos voix. Plus nous serons forts, plus nous pourrons vous aider. Je compte sur vous, et ensemble nous ferons un endroit où il fait bon vivre.

Elle se lève, imitée par Matthieu.

ANNE : Nous n'allons pas vous déranger plus longtemps. Merci de nous avoir reçus et merci de votre accueil.
MATTHIEU : Vous pouvez nous faire confiance. Au revoir, madame, au revoir, monsieur.

Ils sortent, passant devant Jules qui leur ouvre la porte. Quand elle le croise, Anne le regarde avec un grand sourire.

ANNE : Au revoir, monsieur Labière.
JULES : Au revoir, madame.

Il referme la porte derrière eux et se dirige vers la cuisine pour se servir une petite goutte.

JULES : Elle se débrouille pas mal, pour une fille de collabo.
THÉRÈSE : C'est pas sa fille, c'est sa petite-fille.
JULES : Eh bien, pour une petite-fille de collabo, elle se débrouille pas mal.

THÉRÈSE : Moi, c'est de la tante que je me méfie, avec ses airs de ne pas y toucher.

Jules revient vers sa femme et s'assied à ses côtés.

JULES : Qu'est-ce que tu lui reproches ?
THÉRÈSE : Presque rien. Elle a tué son père !
JULES : T'as pas le droit de dire ça. Elle a été innocentée. Et en plus, son père, c'était une sacrée ordure. Parce que dénoncer son fils qui résistait aux Boches, il y en a pas beaucoup qui ont été jusque-là. Je me souviens bien de l'histoire.
THÉRÈSE : Tu te souviens pas de ce que tu as fait hier ! En tout cas, c'est pas ce qu'il y a d'écrit là-dessus.

Elle extirpe de sous le coussin du divan le fameux tract. Jules s'en empare et le déchire.

JULES : C'est des conneries tout ça, c'est malveillant.
THÉRÈSE : Écoute, tu voteras pour elle si ça t'amuse, mais moi, tintin !

Coupe sur

40. Escalier du HLM, intérieur jour

Anne et Matthieu descendent l'escalier.

MATTHIEU : Ça se passe plutôt pas mal.

ANNE : Avec les Labière, vous voulez dire ?
MATTHIEU : En général.
ANNE : Je vous trouve bien optimiste, mon vieux. Il faudra lui faire avoir son banc, à cette pauvre vieille.
MATTHIEU : Après les élections. Je les connais !

Un trio sauvage de gamins d'une douzaine d'années déboulent soudain, les bousculant sur leur passage.

UN GAMIN : Garez-vous, les vioques.

Ils rigolent en descendant l'escalier quatre à quatre. L'un d'eux donne une large tape sur l'épaule de son copain le plus proche, qui se retourne tout en courant.

UN AUTRE GAMIN : Fais pas chier, merde !

Ils disparaissent.

ANNE : Ils sont mal élevés, ces gosses !

Matthieu sonne à une porte. On entend la télé et des cris d'enfants.
Une voix féminine à travers la porte :

FANNY (off) : C'est pour quoi ?

Matthieu consulte rapidement sa liste de noms.

MATTHIEU : Madame Fanny Marnier ? C'est pour les élections, c'est Anne Charpin-Vasseur.

FANNY (off) : Elle est là ?
ANNE : Oui, je suis là, madame. Vous savez qu'il y a des élections dimanche.

Fanny ouvre sa porte. Elle est entourée d'enfants et a un bébé dans les bras.

FANNY : Ah ben non, je savais pas.
ANNE (tout sourire) : Les élections municipales.
FANNY : Entrez.

Anne et Matthieu entrent dans l'appartement, quasi semblable à celui des Labière, un peu plus en désordre. Les gosses sont tranquilles comme Baptiste. Il y a une émission enfantine à la télé.

41. Appartement Fanny, intérieur jour

Fanny regarde cette femme et cet homme qui entrent chez elle.

FANNY : Et vous venez me voir chez moi ?
ANNE : Eh oui, vous voyez. Comment va la petite famille ? Vous en avez combien ?
FANNY : Moi, j'en ai quatre, mais il y a aussi les deux de ma sœur. Elle cherche du travail, alors...
ANNE : Et vous, vous avez du travail ?
FANNY : Ça, pour en avoir, j'en ai. Je sais pas

combien vous avez d'enfants, mais moi, je m'en sors pas. Et puis, regardez. Je vais vous montrer.

Elle ouvre la porte d'un réduit. Un homme âgé, l'œil vide, est installé dans un fauteuil.

BEAU-PÈRE : Pourquoi tu m'as pas amené ma soupe ?
FANNY : Mais si vous l'avez eu votre soupe, pépé.
BEAU-PÈRE : Non, j'ai pas eu ma soupe, et tu n'as pas amené mon dessert.
FANNY : Mais si.
BEAU-PÈRE : Quoi ?
FANNY : C'est mon beau-père. Il peut plus se lever. Faut tout lui faire.
ANNE : Et votre mari, il ne vous aide pas un peu ?
FANNY : Vous savez, c'est pas comme à la télé. Mon mari, il travaille de nuit pour se faire un peu plus de sous, alors...
ANNE : Oui, je comprends. Ça doit être dur. Mais dimanche, il va falloir venir voter. J'ai besoin de vous !
FANNY : Ça me fera une sortie. Je viendrai avec les enfants.
MATTHIEU : Vous êtes bien inscrite sur les listes électorales ?
FANNY : Moi, je ne m'occupe pas de papiers. Je demanderai à mon mari quand il va rentrer. Vous inquiétez pas.
ANNE : C'est bien. Merci de votre accueil,

madame. Au revoir et bonne continuation. Au revoir, les enfants.
ENFANTS : Au revoir, madame, au revoir, monsieur.

Anne et Matthieu sortent. Les enfants se précipitent autour de la télévision.

42. Couloir HLM, intérieur jour

Anne et Matthieu continuent leurs visites. Une première porte sans réponse.

ANNE : Alors, Matthieu, qu'est-ce que vous en pensez ?
MATTHIEU : De celle-là ? J'avoue que ça me rend malade, tout ça.
ANNE : Oh, il y a pire. Rappelez-vous l'autre jour. Elle, son mari n'a pas l'air de la battre et ses enfants paraissent normaux.
MATTHIEU : Je m'en doute. Ça ne me console pas.

Ils sont devant une autre porte. Au moment où Matthieu s'apprête à sonner, un coup d'œil à son papier lui fait faire une grimace. Il sonne néanmoins. Une voix masculine, violente et grasseyante s'élève de derrière la porte.

VOIX D'HOMME (off) : C'est pas le moment de nous faire chier.
MATTHIEU : C'est au sujet des élections municipales de dimanche, monsieur. C'est Anne Charpin-Vasseur.
VOIX D'HOMME (off) : Va te faire enculer, salope ! Allez, les enfants.
VOIX D'ENFANTS (off) : Va te faire enculer !

Anne tire Matthieu par la manche.

ANNE : Allez, venez. Il y a des limites...
MATTHIEU : Je suis désolé.
ANNE : Vous n'y êtes pour rien, ce sont les risques du métier. Mais j'ai ma dose, on rentre à la permanence.

Coupe sur

43. Parking HLM, extérieur jour

Anne et Matthieu regagnent leur voiture. Il y a plus d'animation qu'à leur arrivée. Le portable d'Anne sonne. Elle met l'appareil à son oreille. Les quelques personnes qui les regardent leur donnent l'impression de se donner en spectacle.

ANNE (au téléphone) : Oui, Micheline. On arrive, justement... Oui, oui, ça s'est très bien passé.

Matthieu lui jette un regard ironique. Anne a une mimique du genre : que dire d'autre ?, puis son visage change.

ANNE (au téléphone) : Quels salauds ! Si ça continue, je les tuerai. Et qu'est-ce qu'ils disent ? (À Matthieu) D'autres tracts ! (Au téléphone) À peu près la même chose ? C'est déjà pas mal. Bon, on arrive tout de suite.

Ils sont à la voiture. Matthieu avise des rayures le long de sa portière. Anne lui fait signe de ne pas faire attention.

ANNE : Tirons-nous d'ici.

Enchaîné sur

44. Chambre François, intérieur jour

François et Michèle sont assis sur le lit, à côté de la valise ouverte et vide. Ils échangent un baiser plus brûlant encore de tendresse que de passion. Quand ils se séparent, Michèle est rayonnante. François, souriant lui aussi, a l'air presque gêné.

MICHÈLE : Tu vois ! C'était pas la peine de partir en Amérique.
FRANÇOIS : Mais ce n'est pas pour ça que je suis parti.

MICHÈLE : Pas pour quoi ?
FRANÇOIS : Je ne te fuyais pas. Enfin... toi, je ne te fuyais pas. Je voulais m'éloigner parce que j'avais peur de faire des bêtises. Pas seulement avec toi. Tu as vraiment besoin que je t'explique ?

Michèle opine de la tête, lui baise légèrement les lèvres.

MICHÈLE : Oui. Explique-moi.

Elle lui prend la main.

MICHÈLE : Tu le sais, que je t'aime.
FRANÇOIS : Bien sûr. Les Charpin aiment toujours les Vasseur et les Vasseur aiment les Charpin. Et ensemble, ils forment une belle lignée avec un magnifique domaine et une jolie fortune. On se croirait au dix-neuvième siècle.
MICHÈLE : C'est toi qui es du dix-neuvième siècle. On s'en fout, de tout ça.
FRANÇOIS : Je sais que tu t'en fous. Moi aussi, je m'en fous. Mais tout de même, ces histoires qui recommencent sans arrêt, on tourne en rond depuis quatre... qu'est-ce que je dis ! depuis six générations.
MICHÈLE : Ça n'a rien à voir avec nous.

François se lève. Il donne encore un peu l'impression de fuir.

FRANÇOIS : Fais pas semblant de ne pas comprendre. Je me suis senti attiré par toi quand tu avais treize ans...

MICHÈLE : Si tard ?

François ne peut s'empêcher de sourire.

FRANÇOIS : Tu étais très mignonne quand tu étais jeune ! Ça n'a fait qu'augmenter d'année en année, cette attirance. Et plus je t'aimais, plus j'étouffais. Je sentais le poids de toute la famille : « Allez, vas-y, mon petit, continue la tradition. » Je te jure, je finissais par détester tout le monde.
MICHÈLE : Pas Tante Line, quand même ?
FRANÇOIS : Non... sans doute pas Tante Line.
MICHÈLE : Ni moi ?
FRANÇOIS : Toi, si, un peu. Je t'aimais et je te détestais un peu en même temps.

Ils se rapprochent l'un de l'autre.

MICHÈLE : C'est du joli !
FRANÇOIS : C'est pour ça que j'ai voulu aller faire mon droit à Paris. Je n'en pouvais plus.
MICHÈLE : Je me souviens. J'étais furieuse.
FRANÇOIS : Je m'en suis aperçu. Et puis ta mère. Et puis mon père. Même Tante Line ; c'est ce qui m'a le plus surpris.

Il retourne vers le lit et se rassoit à côté de la valise, qu'il brutalise un peu.

FRANÇOIS : Je me suis laissé faire. Comme un con. Je suis resté là, avec tous mes problèmes.

MICHÈLE : Ce n'est pas en allant à Paris que tu les aurais résolus, tes problèmes.

François reprend le dessus.

FRANÇOIS : Si, la preuve. J'ai passé presque quatre ans en Amérique et me voilà ! J'arrive, je te roule une gamelle, je me sens bien.
MICHÈLE : C'est moi qui te l'ai roulée, la gamelle. Et l'Amérique n'a rien à voir dans tout ça. C'est le temps qui passe et les sentiments qui mûrissent. Tu as beaucoup couché en Amérique ?
FRANÇOIS : Raisonnablement. Souvent elles sont plus touche-pipi qu'autre chose, mais enfin... on peut arriver à les convaincre... Et toi, tu as couché avec des garçons ?
MICHÈLE (elle le regarde fixement) : Comme je t'aime depuis l'enfance, je vais répondre à cette question. Oui, j'ai couché avec deux garçons, une fois chacun, et chaque fois, j'ai pensé à toi. Je n'ai pris aucun plaisir, je me suis dégoûtée, alors j'ai arrêté. Peut-être que je suis frigide.

Il y a un silence un peu lourd.

FRANÇOIS : Excuse-moi.
MICHÈLE : Mais de rien. C'est bon de s'expliquer.

Un nouveau silence.

FRANÇOIS : Mais tu n'étouffes pas, toi, ici ?
MICHÈLE : Pourquoi ? Ça te reprend ? Tu es rentré

depuis ce matin et tu suffoques déjà ? C'est l'air des Rocheuses qui te manque ?
FRANÇOIS : Te moque pas de moi. Dès que j'ai mis le pied dans la maison, même avant : dès que mon père m'a fait faire le tour du propriétaire, j'ai eu l'impression que je n'étais pas parti. Mais je t'ai demandé : toi, tu n'étouffes pas ?
MICHÈLE : Non, excuse-moi. Quand je me sens un peu lourde, je sais prendre l'air. Je n'en fais pas une tragédie.
FRANÇOIS : Hu hu.

Il est un peu désarçonné.

FRANÇOIS : Tu es drôlement mûre pour ton âge. Fais attention.
MICHÈLE : On dit que les filles sont plus précoces que les garçons.

Cette fois, ils rigolent tous les deux en allant fourrer la valise dans le bas de l'armoire.

FRANÇOIS : J'ai une idée. Si on allait au Pyla ? Ça nous ferait prendre l'air comme tu dis.
MICHÈLE : Quand ?
FRANÇOIS : Tout de suite. On prend la voiture, on y va et on reste jusqu'à lundi. C'est possible ?
MICHÈLE : Tout est possible. Il suffit de demander les clés à Tante Line. C'est sa maison.

Coupe sur

45. Jardin de la maison, extérieur jour

Les ombres commencent à s'allonger. Michèle et François rejoignent Tante Line qui s'active dans un coin du jardin. Elle les regarde avec tendresse.

TANTE LINE : Alors, vous avez refait connaissance ?

L'allusion est à peine voilée. François jette un regard à Michèle, qui le laisse se débrouiller.

FRANÇOIS : Tu t'en doutes bien. Tante Line, est-ce que ça t'embêterait si on allait deux-trois jours au Pyla ?
TANTE LINE : Vous voulez aller au Pyla, tous les deux ?
MICHÈLE : Oui, Tante Line. Ça ne t'embête pas ?
TANTE LINE : Oh non, pas du tout, ça me fait très plaisir. Je suis contente que vous aimiez cette maison. Mais dites donc, vos parents vont se demander pourquoi vous disparaissez comme ça. François, tu as à peine vu ton père.
FRANÇOIS : Oui, je sais. Mais (il réfléchit un instant)... si tu veux bien nous prêter la maison, nous partirons tout de suite.

Tante Line s'approche de lui, lui caresse le bras.

TANTE LINE : Je vais vous chercher les clés, mes chéris.

Enchaîné sur

46. Devant la maison, extérieur jour

Tante Line accompagne les deux jeunes gens jusqu'à la Twingo de Michèle.

TANTE LINE : Je vous préviens, ça fait plus de cinq mois qu'on n'est pas allés là-bas. Ça risque d'être un peu poussiéreux.
MICHÈLE : On nettoie tout nickel, promis.
TANTE LINE : Allez dîner chez Pierrot. Il est ouvert toute l'année et il sera content de vous voir.
FRANÇOIS : Ce vieux Pierrot. Il a toujours ses moustaches ?
MICHÈLE : En décembre en tout cas, il les avait encore.

Ils sont à côté de la voiture. Ils sont prêts à partir, mais Tante Line ne veut pas les lâcher. On a l'impression qu'elle rayonne de plaisir.

TANTE LINE (à Michèle) : Ne conduis pas trop vite.
FRANÇOIS : T'en fais pas, Tante Line, c'est moi qui prends le volant.

Michèle s'empare du sac que tient François et va le déposer avec le sien dans le coffre.

TANTE LINE : J'aime mieux ça. Elle conduit comme une folle.
MICHÈLE : Qu'est-ce que tu racontes ?
FRANÇOIS : Tante Line a sûrement raison.

Michèle embrasse Tante Line très affectueusement.

MICHÈLE : Mais non. Elle dit n'importe quoi.

Elle va sagement prendre sa place dans la voiture.

FRANÇOIS (à Tante Line) : Anne s'en fout et mon père ne comprendra pas...

François a un petit rire et caresse la joue de Tante Line.

FRANÇOIS : Tu es un ange.
TANTE LINE : Loin de là ! Amusez-vous bien.
FRANÇOIS : Mais tu me comprends, toi ?
TANTE LINE : Ah oui, je te comprends.

Elle l'embrasse comme du bon pain. François s'apprête à monter dans la voiture, mais Tante Line le retient par la manche.

TANTE LINE : Attends !... Est-ce que ça vous embête si je vous rejoins là-bas dimanche soir ? Il y a cette réception à la mairie, ils n'auront pas besoin de moi.
FRANÇOIS : Bien sûr, Tante Line, c'est chez toi.

TANTE LINE : Je vous adore, tous les deux.

François ouvre la portière de la voiture.

FRANÇOIS : Mais comment tu vas venir ?
TANTE LINE : J'ai toujours ma 2 CV.
FRANÇOIS : Mon Dieu ! Et elle pourra rouler jusque là-bas ?
TANTE LINE : Elle marche très bien, ne t'en fais pas. Allez, partez, je ne veux plus vous voir.

François monte dans la voiture et démarre. La voiture disparaît dans l'allée. Tante Line la regarde partir. Son visage sourit, mais ses yeux sont pleins de nostalgie. Elle se détourne et regagne lentement la maison.

VOIX DE MARIE CHARPIN (1939) : Micheline ! François ! Dépêchez-vous, mes enfants.
VOIX DE PIERRE CHARPIN (1939) : Si vous n'arrivez pas tout de suite, on part sans vous ! Pas de Pyla !
VOIX CONJUGUÉES DE FRANÇOIS ET MICHELINE CHARPIN ENFANTS (1939) : Voilà, voilà !

47. Route du Pyla (hélicoptère), extérieur soir

C'est l'heure magique, ou presque. La petite Twingo roule à vive allure sur un chemin terriblement rectiligne.

Court fondu au noir

48. Permanence Anne, extérieur jour

Nous nous retrouvons devant la boutique désaffectée qui sert de quartier général à Anne et que François et son père ont entrevue de leur voiture. Sur la vitrine sont apposées des affiches-programmes représentant Anne et les membres de sa liste.

49. Permanence Anne, intérieur jour

Il y a des tables contre un mur avec des affiches et des tracts, une machine à café, des biscuits. Une douzaine de personnes, dont cinq ou six jeunes et Matthieu, sont agglutinées à proximité de deux téléastes de France 3 en train de filmer Anne.

ANNE : C'est pour essayer de réunir le plus grand nombre sur des idées simples et pratiques pour l'amélioration de la vie dans notre ville, en dehors de toute idéologie, que j'ai décidé de ne demander l'aval d'aucun parti politique. Il s'agit d'élections municipales. Je me présente pour me mettre au service de la municipalité.

Elle se tait, sourit. Le caméraman se redresse. Les spectateurs applaudissent.

ANNE : Ça allait ?
LE REPORTER : Très bien, madame. Je vous remercie. Voulez-vous ajouter quelque chose ?
ANNE : Non.
LE REPORTER : Répondre à d'éventuelles attaques, par exemple ?
ANNE : Non, vraiment. Je n'en ai pas la nécessité.
LE REPORTER : Bon. Eh bien, je vous souhaite bonne chance, madame.
ANNE : Vous êtes très aimable.

Le caméraman a remballé ses affaires.

LE REPORTER : Au revoir.
ANNE : Au revoir, monsieur.
LE REPORTER (aux autres) : Au revoir.
TOUT LE MONDE : Au revoir.
LE CAMÉRAMAN (aux autres) : Au revoir.
TOUT LE MONDE : Au revoir.

L'équipe télé regagne la rue. Matthieu se rapproche d'Anne.

MATTHIEU : Vous étiez très bien, vraiment. Ça passe ce soir ?
ANNE : C'est ce qu'ils m'ont dit.

Matthieu regarde sa montre.

MATTHIEU : Ils ne perdent pas de temps.
ANNE : Nous, si. Allez, mes enfants, au boulot. Il faut que toutes les enveloppes soient prêtes pour ce soir.

Toute la petite équipe se met au travail.

MATTHIEU : Je vous ramène chez vous, ce soir ?
ANNE : Ça m'embête de vous faire faire le taxi.
MATTHIEU : Aucun problème.
ANNE : Demain, j'emprunterai la Twingo de ma fille.

Coupe sur

50. Salon maison Charpin, intérieur jour

ANNE : Comment ça, ils sont partis au Pyla ?

Anne pénètre dans le salon, suivie par Tante Line.

TANTE LINE : Il faut les comprendre, ils en avaient envie, tu sais.
ANNE : Mais c'est insensé ! François est arrivé ce matin !
TANTE LINE : Qu'est-ce que tu veux que je te dise ? Ils ont bien le droit de faire ce qu'ils veulent.
ANNE : Gérard va être furieux.
TANTE LINE : Il n'a pas vu son fils pendant quatre ans, il peut bien ne pas le voir deux jours de plus.

ANNE : Tu es incroyable. On a l'impression que ça te fait plaisir.

Tante Line ne répond pas. Elle a un petit sourire et va s'asseoir sur le divan.

TANTE LINE : Oui, Anne, ça me fait plaisir. Ils avaient l'air si joyeux d'aller là-bas. Oui, ça me fait plaisir.

Elle a parlé doucement, avec une grande sérénité. Anne la regarde avec une espèce de compassion. Elle s'approche de sa tante et vient s'asseoir à côté d'elle.

ANNE : Excuse-moi, Tante Line.
TANTE LINE : Tu me comprends ?
ANNE : Oui, bien sûr. Oh ! Ils ont pris la Twingo ?
TANTE LINE : Oui, bien sûr.

Anne a un petit rire.

ANNE : Zut, je voulais m'en servir demain.
TANTE LINE : Je ne te propose pas ma 2 CV. Si quelqu'un te voit, ça risque de te faire perdre des voix.

Elles s'amusent franchement toutes les deux. Doucement, leur petit rire devient un vrai fou rire. Elles n'entendent pas l'arrivée de la voiture de Gérard.

ANNE : Remarque, ça ne fait pas prétentieux.

TANTE LINE : Oui, mais si on te voit avancer par à-coups, on va se demander si tu ne vas pas faire la même chose à la mairie.

Elles n'entendent pas Gérard ouvrir la porte d'entrée et s'approcher du salon.

ANNE : Avancer par à-coups, c'est toujours avancer.
GÉRARD (off) : Qu'est-ce qui vous amuse autant ?

Les deux femmes relèvent la tête. Elles voient Gérard debout à la porte, un peu guindé.

ANNE : Rien. Des bêtises.
TANTE LINE : On parlait de ma 2 CV.
GÉRARD (souriant) : Il n'y a pas de quoi rigoler. C'est une honte. Les enfants ne sont pas là ?

Anne décide de prendre les choses en main.

ANNE : Non, ils ont décidé d'aller au Pyla.
GÉRARD : C'est pas sérieux ! À quelle heure vont-ils rentrer ?
ANNE : Ils ne rentrent pas. Ils veulent rester jusqu'à lundi.

Gérard accuse le coup.

GÉRARD : Qu'est-ce que c'est que cette histoire ?
TANTE LINE : Je vous sers un whisky, Gérard ?
GÉRARD (brusque) : Oui, merci... (Il reprend) Qu'est-ce que c'est que cette histoire ?

ANNE : Ça lui faisait plaisir de faire un tour là-bas, on ne va pas en faire un drame.
GÉRARD : Tu me permettras de ne pas comprendre facilement que mon fils, absent depuis quatre ans, se précipite loin de nous à la première occasion.
ANNE : Voilà ! Tu en fais un drame !
GÉRARD : Explique-moi !
ANNE : Je n'en sais rien, tu lui demanderas quand il va revenir.

Tante Line en profite pour tendre son whisky à Gérard.

TANTE LINE : Tenez, Gérard.

Gérard tourne son regard vers elle, un peu égaré.

GÉRARD : Merci, Tante Line. Qu'est-ce que vous en pensez, vous ?
TANTE LINE : Ce que je pense n'a pas beaucoup d'importance. Mais pourquoi ne pas laisser les gens faire ce qu'ils ont envie de faire ?

Gérard ne sait pas trop quoi dire. Il change délibérément de ton et de sujet.

GÉRARD : Je suis crevé ! (À Anne) Et toi, ça va, ma chérie ?
ANNE : Je suis un peu crevée, moi aussi. Tu sais, visiter les HLM, ça ne remonte pas particulièrement le moral.

GÉRARD : Excuse-moi, ma chérie, c'est toi qui l'as voulu.
ANNE : Absolument. Et je ne le regrette pas.

Gérard pousse un long soupir et va s'asseoir dans un fauteuil. Il commence à siroter son whisky.

TANTE LINE : Je vais voir où en est le dîner.

Elle disparaît en direction de la cuisine. Anne allume une cigarette.

GÉRARD : Tu trouves ça normal, toi, qu'ils partent au Pyla ?
ANNE : On ne va pas parler de ça toute la soirée ! Tiens, à propos, ils ont pris la Twingo. Tu pourras m'emmener demain matin ?

Gérard a un geste d'énervement.

GÉRARD : À quelle heure tu veux partir ?
ANNE (avec un sourire) : Avant dix heures, si c'est possible.
GÉRARD : Et ton ange gardien ne peut pas s'en charger ?
ANNE : Je ne peux pas lui demander ça. Il est très gentil, mais ce n'est pas mon chauffeur, quand même.
GÉRARD : Et moi, si ! Moi, je suis ton chauffeur.

Anne le regarde lourdement, puis lui fait un large sourire.

ANNE : Toi, tu es mon mari !

Tante Line reparaît.

TANTE LINE : Le dîner sera prêt dans dix minutes.

Enchaîné sur

51. Pyla,
extérieur soir

La Twingo est garée devant une coquette villa en bord de mer. L'endroit est quasiment désert.

52. Villa Pyla,
intérieur soir

Toutes les portes du rez-de-chaussée sont ouvertes. François achève de ramasser des poussières avec une pelle à la main et un petit balai, tandis que Michèle époussette un peu négligemment un buffet. Ils ont l'air de s'amuser beaucoup.

MICHÈLE : C'est pas si sale, finalement.
FRANÇOIS : Pas sale du tout. Si tu avais vu ma chambre à Chicago !
MICHÈLE : Je m'en doute.

François disparaît dans la cuisine, suivi par Michèle qui va agiter son chiffon à la fenêtre. On entend François verser le contenu de sa pelle dans la boîte à ordures. Il revient les mains vides.

FRANÇOIS : Bon, c'est bien joli, mais je commence à avoir faim.
MICHÈLE : Dis donc, et les chambres ?
FRANÇOIS : Quoi, les chambres ?
MICHÈLE : Il faut y donner un coup aussi, mettre les draps, tout ça. Allez, mon vieux !
FRANÇOIS : Sois gentille, on fera ça en revenant. J'ai faim !

Enchaîné sur

53. Plage Pyla, extérieur soir

François et Michèle marchent sur la plage en direction d'un restaurant manifestement ouvert. Ils sont un peu à l'écart l'un de l'autre, mais François se rapproche et entoure les épaules de Michèle, qui lui caresse la main.

Coupe sur

54. Restaurant Pierrot, intérieur soir

C'est le typique restaurant de plage de l'endroit, plutôt sympathique. Dès l'entrée de François et Michèle, Pierrot, le propriétaire, se précipite.

PIERROT : Mais qui je vois ?

Il se précipite vers Michèle et l'embrasse.

PIERROT : Ça fait un bout de temps qu'on ne vous a pas vus ! (À François) Et toi, je croyais que tu étais en Amérique ?
FRANÇOIS : J'en suis revenu.

Pierrot, une bonne cinquantaine, costaud, éclate de rire. Il est vraiment content de les voir.

PIERROT : Comment va la tante ?
MICHÈLE : Très bien. Elle vous fait ses amitiés.
PIERROT : Et vos parents ?
MICHÈLE : Très bien aussi.

Il les entraîne vers une table un peu isolée. Ça n'est pas difficile : il n'y a pas beaucoup de monde.

FRANÇOIS : Il n'y a pas grand monde, dites donc !
PIERROT : Ils viendront demain. Je me plains pas. Dites donc, j'ai vu que votre mère remet ça pour les municipales.

Michèle et François échangent un rapide regard.

MICHÈLE : Eh oui, elle y a pris goût.
PIERROT : C'est votre père qui doit faire la gueule. Déjà, l'autre fois, je me souviens, il était furibond.
MICHÈLE : Il commence à s'habituer.

PIERROT : Tant mieux. Des huîtres et une sole, ça vous va ?
MICHÈLE et FRANÇOIS : Parfait.
PIERROT : C'est parti. Du rouge ou du blanc ?
MICHÈLE et FRANÇOIS : Blanc, blanc.
PIERROT : Vous avez raison. Un doisy daene sec.

Il leur fait un clin d'œil et disparaît.

FRANÇOIS : Ça me fait plaisir de le revoir, ce vieux bandit. Ce n'est pas la discrétion qui l'étouffe, mais je l'aime bien.
MICHÈLE : Tais-toi, ça fait quatre ans, c'était un mois après ton départ, c'est ici que Maman a annoncé à Gérard qu'elle se présentait aux municipales. Ça l'a mis dans une rage épouvantable. Il s'est calmé, tu connais Maman, mais après, il a fait la gueule toute la soirée.

François ne peut pas se retenir.

FRANÇOIS : Quel con !

Enchaîné sur

55. Même décor, intérieur nuit

Les deux jeunes gens sont en train de manger des huîtres. François se régale.

FRANÇOIS : Ça fait plaisir. En Amérique, elles sont dégueulasses. Ils les lavent, ça n'a plus aucun goût.

Michèle reste silencieuse. Elle le regarde du coin de l'œil pendant qu'il bâfre.

MICHÈLE : François... dis-moi la vraie raison pour laquelle tu es parti.
FRANÇOIS : Je te l'ai dit.
MICHÈLE : Oui, mais tu ne m'as pas tout dit.
FRANÇOIS (badin) : C'est pour garder une part de mystère.

Michèle se tait quelques secondes, en profite pour manger une huître.

MICHÈLE : Tu n'aimes pas ton père, c'est ça ?

François ralentit sa dégustation.

FRANÇOIS : Pourquoi ? Tu ne l'aimes pas, toi ?
MICHÈLE : Je te dirai après. C'est moi qui ai posé la question la première. Alors, tu n'aimes pas ton père ?
FRANÇOIS : Dis-moi, tes études de psychologie...
MICHÈLE : Tu n'aimes pas ton père.

François prend une autre huître et rit doucement.

FRANÇOIS : Pas beaucoup, non.
MICHÈLE : Moi non plus.

Enchaîné sur

56. Plage devant la villa, extérieur nuit

François et Michèle rentrent lentement vers la maison. À leur démarche, ils ont au moins fini la bouteille de doisy daene. Ils ne se parlent pas, mais se tiennent la main. Ils pénètrent dans la maison.

Coupe sur

57. Chambre villa, intérieur nuit

François et Michèle sont en train de faire le lit dans une des chambres. Pendant que François retourne le matelas, Michèle apparaît avec une paire de draps et une couverture.

MICHÈLE : Pourquoi tu ne l'aimes pas ?
FRANÇOIS : Disons qu'il a des défauts que je n'aime pas.
MICHÈLE : Tu es sûr que ce n'est pas le contraire ? Que tu n'aimes pas ses défauts justement parce qu'il les a ?
FRANÇOIS : Et toi, Sigmund, pourquoi tu l'aimes pas ?

Michèle rit, tout en s'affairant sur le lit.

MICHÈLE : Je n'ai jamais pu le supporter. Excuse-moi, mais je te dis la vérité. Et puis il a pris la place de mon père.
FRANÇOIS : Mais moi, j'aime bien Anne, et elle a pris la place de ma mère.
MICHÈLE : Eh bien oui, tu vois. Ils ne sont pas pareils tous les deux.
FRANÇOIS : Bon, je vais te raconter : je me souviens, quand j'étais tout gosse, mes parents ne s'entendaient pas bien. Ils s'engueulaient souvent.
MICHÈLE : Première nouvelle !
FRANÇOIS : Ils s'engueulaient quand il n'y avait personne. Sinon, le vieil hypocrite était tout sourire, tu penses.
MICHÈLE : Tu le trouves hypocrite ?
FRANÇOIS : Hypocrite, méchant, menteur, jouisseur.
MICHÈLE : Mais c'est de la haine ! C'est pas croyable.
FRANÇOIS : Non, je le déteste pas.
MICHÈLE : C'est bien imité.

Le lit est fait. Michèle est en train de lisser les draps. François la regarde avec tendresse.

FRANÇOIS : Un jour, je crois bien avoir entendu Maman lui dire qu'il n'était pas mon père.
MICHÈLE : Et qu'est-ce qu'il a répondu ?
FRANÇOIS : Je ne me souviens pas.

Ils finissent par se retrouver tous les deux assis sur le lit.

FRANÇOIS : Si ça se trouve, on n'est même pas cousins.
MICHÈLE (dans un sourire) : Si ça se trouve.
FRANÇOIS : Juste un garçon et une fille qui s'entendent bien et qui sont bien ensemble.

Il commence à la caresser.

MICHÈLE : Ça t'arrangerait bien, ça, hein ?

Elle répond à ses caresses. Elle l'embrasse. Le baiser se prolonge.

FRANÇOIS : Mais je ne suis pas sûr, tu sais. Je crois que j'ai pris mes désirs pour des réalités.

Michèle ne l'entend pas de cette oreille. Elle prend la direction des opérations.

MICHÈLE : Trop tard !

Enchaîné sur

58. Même décor, intérieur nuit

François et Michèle sont couchés côte à côte. François tire doucement sur une cigarette. Michèle le regarde. Ils ont l'air heureux.

MICHÈLE : Tu me donnes une bouffée ?

François lui tend sa cigarette. Elle s'offre une bouffée et essaie de faire un rond de fumée. Échec.

FRANÇOIS (faisant l'étonné) : Quoi ? Il y a quelque chose que tu ne sais pas faire ?
MICHÈLE : Tais-toi, cochon !

Elle lui rend sa cigarette. Il lui caresse la joue de la main.

FRANÇOIS : Mais non, c'est pas cochon.
MICHÈLE : Quand je pense à toutes ces années perdues.
FRANÇOIS : C'est bien comme ça, non ? C'est le bon moment. La preuve !
MICHÈLE : C'est ça le pragmatisme américain ?
FRANÇOIS : Tu es trop intelligente pour moi.
MICHÈLE : Mais non !

Elle se jette sur lui.

FRANÇOIS : Ma cigarette !

Enchaîné sur

59. Même décor, intérieur nuit

La chambre est dans l'obscurité. Ils sont tous les deux dans l'obscurité, censés dormir, mais ils ne dorment pas. Le rideau de la fenêtre, entrouvert, laisse passer la lumière de la pleine lune. La main de François tâtonne à la recherche d'une cigarette.

MICHÈLE : Tu ne dors pas ?
FRANÇOIS : Non. Toi non plus à ce que je vois.
MICHÈLE : C'est la pleine lune.
FRANÇOIS : Elle a bon dos, la pleine lune.

Il allume sa cigarette.

MICHÈLE : Oui, tu as raison, c'est autre chose.
FRANÇOIS : C'est normal qu'on soit un peu excités, non ?
MICHÈLE : Non, c'est quelque chose qu'il faut que je te dise. Mais j'ai peur que tu m'en veuilles terriblement.
FRANÇOIS (dans un sourire) : Faudrait que ce soit bien énorme.
MICHÈLE : C'est énorme, mais si je ne te le dis pas, je ne me sentirai pas honnête.
FRANÇOIS : Tu es belle, quand tu as des états d'âme.
MICHÈLE : C'est au sujet de ce tract dégueulasse sur la famille. Il m'est passé quelque chose par la tête.

François la regarde d'un drôle d'air.

FRANÇOIS : Que c'est mon père qui l'a écrit ?!
MICHÈLE : C'est idiot, hein ?
FRANÇOIS : Oui, c'est idiot. Nous sommes deux idiots.

Enchaîné sur

60. Maison Charpin, extérieur nuit

La maison est éclairée par la lune. Nulle lumière n'est visible.

61. Chambre Anne et Gérard, intérieur nuit

Anne est dans le lit, endormie. Gérard n'est pas à ses côtés. La porte de la chambre s'ouvre. Gérard, en robe de chambre, entre doucement, s'approche du lit, regarde sa femme, va et vient dans la pièce comme un fantôme. Malgré ses précautions, sa femme se réveille.

ANNE : Qu'est-ce qu'il y a ? Tu ne dors pas ?
GÉRARD : C'est rien, je ne sais pas. J'ai un peu froid. Dors.
ANNE : Quelque chose te tracasse ?
GÉRARD : Mais non, rien du tout, non. Sois gentille, dors.
ANNE : Oui, oui, t'en fais pas. Tu sais, je vais t'avouer quelque chose, j'ai failli tout abandonner.
GÉRARD : Grand dieu, pourquoi tu ne l'as pas fait ?
ANNE : C'est ce tract, on ne peut pas laisser des

saloperies pareilles guider votre existence. J'ai pas raison ?
GÉRARD : Tu fais comme tu veux, ma chérie.
ANNE : Allez. Je dors.

Anne se tourne sur le côté. Gérard va jusqu'à la fenêtre. Il écarte légèrement le rideau et regarde dehors.

62. Le ciel, extérieur nuit

C'est effectivement la pleine lune. Un nuage passe et amène l'obscurité.

Noir. Ouverture fondu

63. Plage Pyla, extérieur jour

Il est onze heures du matin. Il y a déjà quelques promeneurs sur la plage. La cloche de l'église sonne la messe.

64. Villa Pyla, intérieur/extérieur jour

François et Michèle sont installés devant une petite table contre la fenêtre. Ils sont en train de petit-déjeuner : café, croissants.

MICHÈLE : Tu iras m'acheter des croissants tous les matins ?
FRANÇOIS : Quand ça ?

Elle a un sourire délicieux, mais ne répond pas à cette question gênante.

MICHÈLE : À quelle heure Tante Line va-t-elle arriver d'après toi ?
FRANÇOIS : J'en sais rien, dans l'après-midi. Pourquoi ? Deux jours de tête-à-tête, c'est tout ce que tu peux supporter ?
MICHÈLE : Tu es formidablement spirituel, le dimanche matin.
FRANÇOIS : Tu fais bien le café.
MICHÈLE : Tes croissants sont chauds.

Enchaîné sur

65. Devant la villa Pyla, extérieur jour

La 2 CV que conduit Tante Line avec la maîtrise d'un vieux briscard vient se garer à proximité de la Twingo. Tante Line en descend et regarde aussitôt autour d'elle. Elle voit des enfants jouer sur la plage.

VOIX DE FRANÇOIS CHARPIN (10 ans) : Micheline, Micheline, viens voir. Je t'ai fait un château fort.
VOIX DE MICHELINE CHARPIN (8 ans) : Oh, je t'aime, François, je t'aime.

Tante Line se détourne et entre dans la villa.

66. Villa Pyla, intérieur jour

Tante Line passe de pièce en pièce, cherchant âme qui vive.

TANTE LINE : Michèle... Michèle... François !

Elle n'obtient pas de réponse. Elle se dirige vers l'escalier et monte à l'étage.

67. Étage villa Pyla, intérieur jour

Tante Line arrive sur le palier. Elle va frapper à la première porte. Comme personne ne répond, elle ouvre doucement la porte : c'est la chambre où ont dormi Michèle et François, mais le lit est fait. Elle referme la porte en souriant, et se dirige vers une autre porte, celle de sa chambre. Elle y pénètre. Là aussi, le lit est fait.

TANTE LINE : Ils sont gentils...

Elle va vers le cabinet de toilette et y dépose soigneusement les objets de soin qu'elle a emportés dans un petit sac. Elle pose un tube de dentifrice dans le verre à dents.

VOIX DE MICHELINE CHARPIN (14 ans) : François, tu n'as pas un tube de dentifrice à me prêter ? J'ai oublié le mien.
VOIX DE FRANÇOIS CHARPIN (16 ans) : Tu as une vraie tête de linotte, toi.

Coupe sur

68. Cuisine villa Pyla, intérieur jour

Tante Line est en train de faire la vaisselle négligée par les jeunes gens, dont elle entend l'entrée joyeuse dans la villa.

MICHÈLE (off) : Tante Line ! Où es-tu ?
TANTE LINE : Dans la cuisine.

Michèle et François entrent dans la pièce. Ils ne peuvent pas s'empêcher de se toucher.

MICHÈLE : Qu'est-ce que tu fais ?
TANTE LINE : J'ai vu que vous aviez préparé mon lit. Je vous dois bien ça.
FRANÇOIS : Ton carrosse a bien roulé ?
TANTE LINE : Aucun problème. Elle est increvable, je te dis !

Elle a fini d'essuyer la vaisselle. François et Michèle l'aident à ranger.

MICHÈLE : Ils t'ont laissée partir sans histoires ?
TANTE LINE : Ils étaient même plutôt contents. Comme ça, ils sont sûrs que je vous ramènerai demain. (À François) Ton père a plutôt mal pris que tu t'en ailles à peine arrivé...
FRANÇOIS : Ça me flatte.
MICHÈLE : Qu'il nous lâche la grappe !
TANTE LINE : Eh bien, qu'est-ce qui t'arrive, toi ?

FRANÇOIS : C'est une rebelle, tu sais bien.

Michèle lui jette un regard complice.

MICHÈLE : Et Maman, elle a dit quelque chose ?
TANTE LINE : Elle a compris, je crois.

Tout est rangé. Ils sortent de la cuisine et gagnent le salon.

69. Salon villa Pyla, intérieur jour

Tout en parlant, ils pénètrent dans le salon et s'installent, en se vautrant comme on le fait en vacances.

MICHÈLE : Et toi, Tante Line ?
TANTE LINE : Moi, je suis tellement contente que vous aimiez cette maison. J'ai été tellement heureuse, ici.

Elle se plonge dans une profonde rêverie. Michèle et François respectent ce silence, mais bientôt, les yeux de Tante Line se chargent de larmes.

FRANÇOIS : Tu pleures ?
TANTE LINE : Tant de souvenirs.
VOIX DE MICHELINE CHARPIN (14 ans) : Je t'aime plus que tout au monde.
VOIX DE FRANÇOIS CHARPIN (16 ans) : Moi

aussi, je t'aime plus que tout au monde, c'est normal.
TANTE LINE : C'est ici que j'ai appris la mort de ton grand-père et de ma sœur. Je les attendais. Ils revenaient d'Italie.
MICHÈLE : Oui, je sais.
TANTE LINE : Je suis idiote de ressasser tout ça.

Elle s'essuie discrètement les yeux.

TANTE LINE : Si on faisait un Monopoly ?

François et Michèle sont un peu surpris par cette soudaine proposition.

TANTE LINE : Ou un Scrabble, si vous voulez.
FRANÇOIS : Qu'est-ce que tu préfères ?
TANTE LINE : Ah !... Le Scrabble. Je suis sûre de perdre, mais comme ça un de vous deux gagnera.

Enchaîné sur

70. Même décor, intérieur jour

Ils sont installés tous les trois à une table, en train de jouer au Scrabble. François est en train de réfléchir, les deux femmes attendent.

FRANÇOIS : C'est bien bouché !
MICHÈLE : Tu n'as qu'à ouvrir.

FRANÇOIS : N'y compte pas !
TANTE LINE : Vous rentrez ce soir, hein, mes chéris ?
MICHÈLE : Bien sûr, Tante Line. J'ai cours à deux heures.
TANTE LINE : Moi, je pars très tôt, je suis réquisitionnée. Ta mère veut que je les aide à la permanence et Gérard veut que j'aille mettre de l'ordre dans ses papiers.

François met deux lettres astucieuses sur le jeu.

FRANÇOIS : Tu ne trouves pas qu'ils abusent un peu de toi, non ? Ça me fait vingt-trois.

Il pioche deux lettres dans le sac.

TANTE LINE : C'est bien normal que j'aide Anne.
FRANÇOIS : Oui, mais mon père... il pourrait bien trouver quelqu'un pour ranger ses papiers.
TANTE LINE : Je ne peux pas lui refuser ça.
MICHÈLE : Tant pis, j'ouvre.

Elle place cinq lettres.

FRANÇOIS : Il serait temps qu'il cesse de jouer les tyrans.
TANTE LINE : Qu'est-ce qui te prend ?
MICHÈLE : Ça me fait dix-neuf.

Elle pioche dans le sac, qu'elle vide.

MICHÈLE : Plus de lettres !

FRANÇOIS : Quand il a vendu les vignes à ces Japonais, Anne s'est laissé faire sans rien dire.
TANTE LINE : Ça lui a permis de développer le labo. Et aucun de nous ne se sentait une âme de vigneron, toi le dernier. (Elle se plonge dans son jeu) Oh ! j'ai un Scrabble. Merci, ma chérie.

Et elle dépose sur le jeu le mot CACHIEZ.

TANTE LINE : Faites les totaux. Je vais vous préparer un petit thé.

Elle disparaît vers la cuisine. Michèle range le jeu pendant que François fait les totaux.

MICHÈLE : François ?
FRANÇOIS (dans ses calculs) : Oui...
MICHÈLE : J'ai envie de raconter à Tante Line ce que je pense au sujet du tract.

François la regarde sans un mot.

MICHÈLE : Tu crois que j'ai raison ?
FRANÇOIS : Si tu ne le fais pas, c'est moi qui le ferai.

Coupe sur

71. Mairie, extérieur jour/soir

La mairie est éclairée. Quelques voitures sur le parking. Des gens entrent. Parmi eux, Anne et Gérard Charpin-Vasseur.

72. Mairie, intérieur soir

Il y a une centaine de personnes dans la grande salle où se trouve dressé un buffet raisonnable. Le maire en exercice y va de son petit laïus.

LE MAIRE : C'est pour nous un véritable plaisir de recevoir ces artistes. Nous ne doutons pas qu'ils sauront tirer le meilleur parti des avantages et des beautés de notre région. Quant à nous, la municipalité tout entière, et vous, j'en suis sûr, mes chers administrés, nous aurons à cœur de contribuer, dans la mesure de nos moyens, au plaisir de votre séjour et à la réussite de votre projet.

Pendant le discours, Matthieu se rapproche d'Anne et Gérard qu'il salue.

MATTHIEU (à Anne) : Vous avez eu Maurice ?
ANNE : Non.
MATTHIEU : Il a cherché à vous joindre. Il y a d'assez bonnes nouvelles.

Gérard regarde autour de lui. Il entrevoit ce qui doit être l'équipe du téléfilm : quelques techniciens, trois comédiens qui tentent subtilement de se faire remarquer, et surtout quatre femmes dont trois valent le coup d'œil.

GÉRARD (à Anne) : Excuse-moi, ma chérie, je vois quelqu'un à qui j'ai deux mots à dire. Je te laisse en de bonnes mains.

Il a un sourire mécanique à l'intention de Matthieu, qui le lui rend bien. Pendant ce temps, le maire continue son discours.

LE MAIRE : ... Il m'a paru judicieux de profiter de la présence de nos prestigieux amis pour fêter avec vous ce que je me permets d'appeler mon retour à la vie civile. Comme vous le savez, mon âge avancé et mon état de santé m'interdisent de solliciter une nouvelle fois vos suffrages. Dimanche prochain, vous choisirez votre nouvelle équipe. Je ne doute pas qu'elle soit à la hauteur de sa tâche, et qu'elle saura nous apporter la prospérité et la sécurité que vous méritez bien

La salle applaudit.

ANNE : Et quelles sont ces bonnes nouvelles ?
MATTHIEU : Nous avons eu les derniers sondages. Nous sommes autour des 32 %.
ANNE : Ah oui, c'est plutôt bien.

Le maire se rapproche d'eux.

LE MAIRE : Alors, ma chère Anne, Lartigue vous a appris la nouvelle ? Vous avez toutes les chances de me succéder. Permettez-moi de vous dire que ça me fait un immense plaisir. Venez, allons boire quelque chose.

Il l'entraîne vers le buffet ; Matthieu les suit discrètement.

ANNE : Ne vendons pas la peau de l'ours, tout de même.

Dans un autre coin de la salle, Gérard a réussi à se faufiler au milieu des artistes. Il s'intéresse particulièrement à l'une d'elles (Dominique).

GÉRARD : Et vous serez parmi nous pendant combien de temps ?
DOMINIQUE : Environ quatre semaines.

Sa voix est un peu rauque et son regard très velouté.

GÉRARD : Mais vous n'avez rien à boire. Je vais vous chercher quelque chose. Vous me faites confiance ?
DOMINIQUE : Tout à fait.
GÉRARD : Quel est votre prénom, déjà ?
DOMINIQUE : Dominique.
GÉRARD : Moi, c'est Gérard. Vous m'attendez là, c'est promis ?
DOMINIQUE : Promis.
GÉRARD : J'en ai pour deux minutes.

Devant le buffet, Anne, le maire et à l'arrière-plan Matthieu ont chacun un verre à la main et grignotent des zakouskis.

ANNE : Vous avez vu ce tract immonde qui circule sur ma famille ?
LE MAIRE : Oui. C'est vraiment choquant, mais ne vous en faites pas pour ça.
ANNE : J'aimerais être sûre que ça n'influence pas les votes.
LE MAIRE : Mais non. Tout le monde sait bien que ce sont des bêtises.
ANNE : Vous n'avez pas idée d'où ça peut venir ?
LE MAIRE : Pas la moindre. Et je vous avoue qu'à ce niveau-là je ne me pose même pas la question.
ANNE : Vous ne trouvez pas que ça sent l'extrême droite ?
LE MAIRE : Ça sent surtout la haine et le règlement de comptes personnels. Mais si vous voulez, vous pouvez toujours interroger Brissot.
ANNE : Vous l'avez invité ?
LE MAIRE : Ma chère Anne, j'ai invité tous les élus du peuple. Je n'aime pas les idées de Brissot, mais je l'invite à mes réceptions. Je n'ai pas envie d'en faire un martyr.

Tout à sa conversation, Anne n'a pas vu Gérard qui, en arrière-plan, s'est fait servir deux verres et une petite assiette de zakouskis qu'il se hâte de rapporter à l'aguichante Dominique qui l'attend sagement à sa place.

GÉRARD : Voilà. J'espère que vous serez satisfaite.
DOMINIQUE : Vous êtes très gentil, merci.

Il lui tend un verre et lui présente l'assiette.

GÉRARD : C'est du château-guiraud, vous verrez, c'est très agréable. Et quel rôle jouez-vous dans ce film ?
DOMINIQUE : Une femme perverse et séductrice.
GÉRARD : Perverse, je ne sais pas, mais séductrice, c'est parfaitement choisi.

Dominique ronronne.

DOMINIQUE : Et qu'est-ce que vous faites dans la vie, Gérard ?
GÉRARD : Moi, chère amie, je suis dans la chimie qui guérit. J'ai un labo et une grande pharmacie en ville.
DOMINIQUE : C'est le ciel qui vous envoie ! Depuis trois jours, j'ai très mal à la gorge...
GÉRARD : Eh bien, venez me voir demain à la pharmacie. Je vais vous noter l'adresse.

Il prend un carnet et un stylo et commence à écrire.

GÉRARD : Quelle heure vous arrange ?
DOMINIQUE : Demain, je ne tourne pas, ça tombe bien. Dans l'après-midi, vers quatre heures ?
GÉRARD : Quatre heures, parfait.

Il lui tend le papier. Elle le lit, sourit d'un air coquin.

De son côté, Anne s'est laissé entraîner par le maire auprès du nommé Brissot, un chauve d'âge moyen et de corpulence modeste. Matthieu suit discrètement à deux pas.

LE MAIRE : Mon cher Brissot, notre amie Anne a une question à vous poser.
BRISSOT : Comme c'est gentil de m'adresser la parole, mon vieux. On voit que vous êtes sur le départ.
LE MAIRE : Vous êtes bien amer. Je n'ai pourtant pas l'impression de vous avoir maltraité.
BRISSOT : Vous ne m'avez pas traité du tout. Sur quinze propositions que j'ai faites, vous n'en avez voté aucune. (Il s'adresse à Anne) Je ne sais pas si c'est vous, madame Charpin-Vasseur, qui allez succéder à votre ami Montesquiou, je ne le souhaite pas particulièrement, je vous le dis franchement, mais je souhaite par contre que vous vous intéressiez un peu plus à nous.
ANNE : Oui ? Eh bien, cher monsieur Brissot, j'aimerais bien savoir pour cela si vous êtes pour quelque chose dans un tract au sujet de ma famille qui est généreusement distribué en ville ces jours-ci.
BRISSOT : Je connais l'objet. Et je peux vous garantir que nous n'y sommes pour rien, madame. Et qu'en plus, je trouve cela abject et injuste. J'aimerais vous faire comprendre, madame, qu'en

fait, vous êtes des nôtres. Nous sommes du même côté, nos intérêts sont les mêmes.
LE MAIRE : Excusez-moi, vous m'avez déjà chanté ce couplet.

Il s'esquive. Matthieu en profite pour prendre sa place. Brissot regarde une seconde le maire s'éloigner, mais continue son discours.

BRISSOT : Nous sommes du même bord, que vous le vouliez ou non. Ce sont des nuances qui nous séparent.
ANNE : Alors, vous n'êtes pour rien dans ce tract ?
BRISSOT : Pour rien, je vous donne ma parole d'honneur ! Ni moi ni mes amis. Nous respectons trop votre famille, y compris celui de ses membres que vous ne respectez pas à sa juste valeur.

Anne le regarde froidement.

ANNE : Je vous remercie pour ces précisions, monsieur Brissot. Pardonnez-moi de vous avoir dérangé. Et à dimanche prochain !

Sourire mécanique. Elle fait un pas pour s'esquiver.

BRISSOT : Nous travaillerons ensemble, vous verrez.

Il lève son verre. Anne s'éloigne avec Matthieu. Ils se perdent tous les deux dans la foule. Anne sourit à Matthieu.

ANNE : Il est sympathique, non ?
MATTHIEU : Vous trouvez aussi ? J'ai senti que c'était le début d'une grande amitié. Mais pour moi, il n'est pour rien dans le tract.
ANNE : Avec ces zèbres, on ne sait jamais, mais j'ai tendance à être de ton avis. J'ai soif.
MATTHIEU : Moi aussi, j'ai soif et j'ai faim et j'ai...

Elle lui prend le bras.

ANNE : Pas de bêtise. As-tu vu mon mari ?

Enchaîné sur

73. Maison Charpin, extérieur jour

La Twingo roule dans l'allée conduisant à la maison. Ils croisent Marthe, la cuisinière, qui leur fait des signes. Ils stoppent. Cette fois, c'est Michèle qui conduit.

MICHÈLE : Bonjour, Marthe. Qu'est-ce qu'il y a ?
MARTHE : J'ai des courses à faire et il n'y a personne à la maison. Je vais vous donner les clés.

Elle fouille dans son sac.

MICHÈLE : Tante Line n'est pas rentrée ?
MARTHE : Je ne l'ai pas vue. Elle a dû aller directement voir Madame Anne !

Elle leur tend les clés.

MICHÈLE : Merci, Marthe.
MARTHE : J'y vais. Je suis pas en avance.

Elle reprend son chemin. La Twingo redémarre.

74. Twingo, intérieur/extérieur jour

Michèle conduit la voiture à sa place devant la maison.

FRANÇOIS : Qu'est-ce que tu crois qu'elle va dire à ta mère ?
MICHÈLE : Je ne sais pas. Rien, je crois. Mais avec Tante Line, c'est toujours difficile d'être sûr.

Ils sortent de la voiture.

75. Devant la maison Charpin, extérieur jour

François et Michèle se dirigent vers la maison.

FRANÇOIS : C'est bizarre qu'elle n'ait pas réagi davantage. On avait l'impression que ça ne l'étonnait pas.

MICHÈLE : Ça fait longtemps que plus rien n'étonne Tante Line.

Ils entrent dans la maison.

Coupe sur

76. Permanence Anne, intérieur jour

Tante Line est occupée à noter des adresses sur des enveloppes et à pointer ces adresses dans un grand cahier. D'autres bénévoles (nous les avons déjà vus) rassemblent des affiches et préparent des seaux de colle. Anne s'approche de sa tante et lui parle à voix basse.

ANNE : Et tu sais pourquoi ils sont partis comme ça ?
TANTE LINE : Je te l'ai dit. Ils avaient envie d'être ensemble. Et ils ont bien nettoyé la maison, en plus. Elle en avait besoin. Ils étaient très heureux, en tout cas.
ANNE : Ce serait merveilleux. Tu sais que j'en ai toujours rêvé. Et Gérard aussi.
TANTE LINE : Ils n'ont sans doute pas envie qu'on rêve pour eux.

Anne se met à rire.

ANNE : Ils ont bien raison.

Matthieu revient d'une pièce voisine. Il est souriant.

MATTHIEU : J'ai eu confirmation pour les sondages. Ils en font un autre demain. Mais il n'y a pas de raison que la tendance se modifie. Quant aux tracts, rien de neuf, et il ne semble pas qu'il y ait d'autres distributions.
ANNE : Pas de triomphalisme, Matthieu.
MATTHIEU : Non, mais c'est la dernière ligne droite et nous sommes en tête.
UN BÉNÉVOLE (en train de répartir des affiches) : Les nouvelles sont bonnes ?
MATTHIEU : On peut dire ça.
ANNE : Ce n'est pas une raison pour se démobiliser. Allez, les enfants, au travail. Pas d'affichage sauvage, hein ? Pas d'incidents.
MATTHIEU : On travaille dans la dignité !

Les bénévoles se divisent en groupes de trois ou quatre ; chacun d'eux emporte des affiches et un seau de colle. Ils sortent, bruyants comme des collégiens.

LES BÉNÉVOLES : À tout à l'heure !
ANNE : N'oubliez pas de déjeuner !
LES BÉNÉVOLES : Vous en faites pas.

Ils sortent. Tante Line les a regardés en souriant. Elle aussi vient de terminer son travail.

ANNE : Nous non plus, il ne faut pas qu'on oublie de déjeuner. Tu viens avec nous, Tante Line ?
TANTE LINE : Non, Anne, tu es gentille, mais j'aime mieux rentrer à la maison. Gérard m'a réquisitionnée pour cet après-midi.
ANNE : Il pouvait bien attendre la semaine prochaine. Je suis sûre qu'il le fait exprès. Je le connais, il est furieux.
TANTE LINE : Tu le crois si machiavélique que ça ?
ANNE : Il n'est pas machiavélique. C'est un enfant gâté.
TANTE LINE : C'est moins grave.

Coupe sur

77. Maison Charpin, intérieur jour

Le téléphone sonne dans le salon.

FRANÇOIS (off) : J'y vais.

François décroche le téléphone.

FRANÇOIS : Oui, papa.

Il jette un coup d'œil à Michèle qui est assise sur le canapé, en train de bougonner.

FRANÇOIS : Tout à l'heure... C'était très agréable...

C'est moi... j'en avais vraiment envie... Écoute, ne te mets pas dans cet état.

78. Bureau Gérard, intérieur jour

Gérard est dans son grand bureau du premier étage.

GÉRARD : Je me mets dans aucun état, mais je t'avoue que je n'ai pas compris. Et Michèle, qu'est-ce qu'elle en a pensé, que tu l'enlèves comme ça ?

79. Idem 77

FRANÇOIS : Elle n'a opposé aucune résistance. Elle a été très charmante et très agréable.

Il jette un nouveau coup d'œil à Michèle, qui fait mine de lui jeter son livre à la figure.

FRANÇOIS : Non, Tante Line n'est pas encore là... Si... si. Elle est en train d'aider Anne.
MICHÈLE : La voilà, je crois.

Elle se lève et va à la fenêtre.

80. Idem 78

Gérard, au téléphone.

GÉRARD : Tu me la passes dès que tu peux. Qu'est-ce que tu fais cet après-midi ?

81. Idem 77

FRANÇOIS : J'emmène Michèle à la fac, et je vais en profiter pour voir un prof que je connais... Elle me prête sa Twingo.

Tante Line pénètre dans la pièce.

FRANÇOIS : Je te passe Tante Line.

Il tend l'appareil à sa tante.

FRANÇOIS : C'est papa.

Impassible, Tante Line saisit le téléphone.

TANTE LINE : Oui, Gérard... Oui, oui, c'est prévu. Vers trois heures, ça te va ? Bon, je raccroche, j'ai du travail.

Elle raccroche. Les jeunes la regardent.

MICHÈLE : Tu as parlé à Maman ?
TANTE LINE : Non. J'ai bien réfléchi. Je ne veux absolument pas qu'elle ait des problèmes avant

dimanche. Son élection se présente bien. Autant ne rien remuer. De toute façon, on n'a aucune preuve.

MICHÈLE : On va vivre comme des faux culs pendant une semaine.

TANTE LINE : Ma pauvre chérie, ça fait bien des années qu'on vit comme des faux culs.

FRANÇOIS : Philosophons ! Depuis la nuit des temps, la plupart des gens vivent comme des faux culs. C'est ce qu'on appelle la civilisation.

Enchaîné sur

82. Pharmacie Gérard, intérieur jour

Des clients entrent et sortent. Parmi ceux qui entrent, la belle Dominique, qui s'approche presque timidement d'un comptoir. Elle s'adresse à une des vendeuses en blouse, mais nous ne comprenons pas ce qu'elle dit, car au premier plan, un client entre et demande d'une voix forte :

LE CLIENT : Je voudrais une brosse à dents, s'il vous plaît.

83. Petit bureau de Gérard, intérieur jour

Gérard est en compagnie de Tante Line, assise au bureau déjà encombré. Il ajoute trois dossiers contenant des factures.

GÉRARD : Il s'agit de mettre de l'ordre dans ces factures, des plus anciennes aux plus récentes. Tu connais la musique.
TANTE LINE : C'est uniquement la pharmacie ?
GÉRARD : La pharmacie et le labo d'analyses, tu verras.

Il va vers le classeur qui contient la cartouche de cigarettes, en extrait un paquet.

GÉRARD : Si tu as envie de fumer...
TANTE LINE : Non merci.

On frappe à la porte.

GÉRARD : Oui ?

La vendeuse en blouse apparaît dans l'embrasure de la porte.

LA VENDEUSE : Excusez-moi, monsieur, il y a quelqu'un qui vous demande.

Gérard réfléchit un quart de seconde, regarde sa montre, sourit.

GÉRARD : J'arrive tout de suite, mon petit.

La vendeuse sort.

GÉRARD (à Tante Line) : Tu m'excuses.
TANTE LINE : Absolument. Ne t'occupe pas de moi. J'en ai pour une bonne heure, sinon deux.

Gérard sort à son tour, en fermant soigneusement la porte. Tante Line reste seule. Elle commence à ranger ses factures, mais son œil est attiré par la ronéo et par une corbeille à papiers à moitié pleine de feuilles froissées. Elle se lève et se dirige vers la corbeille, mais elle entend des rires dans le couloir. Elle reconnaît la voix de Gérard, sur laquelle se greffe une voix de femme. Elle change de direction et va coller son oreille contre la porte.

84. Couloir pharmacie, intérieur jour

Gérard et Dominique avancent dans le couloir. Gérard est tout frétillant, Dominique coquette.

GÉRARD : Vous êtes pile à l'heure. J'apprécie l'exactitude féminine.
DOMINIQUE : Je compte sur vous pour me guérir.
GÉRARD : Faites-moi confiance. Je vous emmène dans mon bureau ? C'est au premier. Ici, le comptable nous dérangerait...

DOMINIQUE : J'espère que vous n'avez pas d'intention malhonnête.
GÉRARD : Moi ? Je suis le plus honnête des hommes.
DOMINIQUE : Rien de plus dangereux. Mais, vous savez, moi, les petits coups vite faits bien faits sur un coin de bureau l'après-midi, ça n'est pas mon genre.

En arrière-plan, Tante Line a délicatement entrouvert sa porte et suit des yeux le couple qui s'éloigne.

GÉRARD : Vous avez raison, vous méritez mieux que ça.

Dominique et Gérard commencent à monter l'escalier. Elle se retourne brusquement vers lui et lui pose le doigt sur la joue.

DOMINIQUE : J'aime autant vous prévenir tout de suite. Je n'ai que ma gorge à vous offrir.
GÉRARD (avec un petit rire) : La femme idéale !

Ils disparaissent dans l'escalier.

85. Petit bureau de Gérard, intérieur jour

Tante Line referme doucement la porte du bureau. Son visage est impassible, mais il y a de la fureur dans ses yeux. Sans hésiter, elle se dirige vers la corbeille à papiers, s'agenouille et se met à l'explorer frénétiquement.

TANTE LINE : Le porc !

Enchaîné sur

86. Jardin maison Charpin, extérieur soir

Tante Line, Michèle et François déambulent lentement dans le jardin de la maison.

TANTE LINE : Je suis désolée de tout ça, François. Mais je suis vraiment écœurée.
FRANÇOIS : Ne t'excuse pas. Je crois qu'il a toujours été comme ça. Je me souviens de détails, du temps de Maman. J'étais petit, je ne comprenais pas, mais il y avait des choses qui me paraissaient bizarres.
TANTE LINE : J'ai l'impression que tu t'en voulais de ne pas aimer ton père.
FRANÇOIS : Je m'en veux un peu, mais c'est un fait que je ne l'ai jamais vraiment aimé. Maman non plus. La preuve !
MICHÈLE : Quelle preuve ?

Tante Line jette un coup d'œil à François qui se tait.

MICHÈLE : Tu veux dire que ta mère couchait avec mon père ?
TANTE LINE : Ils s'aimaient, mon petit.
MICHÈLE : C'est vrai ? Tu es sûre ?

François serre Michèle contre lui, tout en marchant.

TANTE LINE : Bien sûr, qu'ils s'aimaient.
MICHÈLE : Et Maman le savait ?
TANTE LINE : Je le suppose.
MICHÈLE : C'est pour ça qu'elle a épousé Gérard ?
TANTE LINE : Je ne sais pas. Il peut être très séduisant, tu sais.
MICHÈLE : Maman ne se laisse pas séduire comme ça.

François embrasse Michèle sur la tempe.

MICHÈLE : Tu dis rien. Qu'est-ce que t'en penses ?
FRANÇOIS : Je ne sais pas. Je vais te dire : je m'en fous. Je l'aime bien, Anne. Elle est costaud.
TANTE LINE : Elle va bientôt rentrer. Il est presque sept heures.
FRANÇOIS : Mon père aussi va rentrer.
TANTE LINE : Allez, les enfants, courage. Il n'y a qu'une petite semaine à passer.
MICHÈLE : Tout ne va pas se résoudre par l'opération du Saint-Esprit.
FRANÇOIS : Tante Line a raison. On verra bien ce qu'on fera.

Ils arrivent à la maison. Tante Line se retourne et contemple le jardin.

TANTE LINE : Heureusement que le jardinier vient demain.

Enchaîné sur

87. Salle à manger Charpin, intérieur nuit

Les jeunes gens et Tante Line sont en train de mettre le couvert. Ils se parlent à voix basse, comme s'ils complotaient.

TANTE LINE : J'ai fouillé son bureau. Il a une imprimante là-bas.
MICHÈLE : Qu'est-ce que tu cherchais ?
TANTE LINE : Je n'en sais rien. Quelque chose qui me prouve qu'il était l'auteur du tract. J'ai même fouillé dans la corbeille à papiers.
FRANÇOIS : Et tu as trouvé quelque chose ?
TANTE LINE : Non, rien du tout.
MICHÈLE : Il n'est pas idiot.

Tante Line se met à crier en direction de la cuisine.

TANTE LINE : Baissez le four, Marthe, ils ne sont pas encore arrivés.
MARTHE (off) : Oui, Mademoiselle.

MICHÈLE (bas) : De toute façon, ça ne prouve rien, ni dans un sens ni dans l'autre.

88. Entrée maison Charpin, intérieur nuit

Gérard entre dans la maison. Il avise le trio dans la salle à manger et le rejoint après avoir déposé sa serviette dans l'entrée.

89. Salle à manger Charpin, intérieur nuit

Gérard s'adresse directement à François.

GÉRARD : Alors, les fugueurs.
FRANÇOIS : Une toute petite fugue.
GÉRARD : Vous auriez pu nous prévenir, quand même.

Il s'approche de Michèle et l'embrasse.

GÉRARD : Ta mère n'est pas encore rentrée ?
MICHÈLE : Non. Je pense qu'elle ne va pas tarder.
GÉRARD : Bouh ! Je suis crevé moi !
TANTE LINE : Je vais te servir un whisky, si tu veux.
GÉRARD : Non, j'y vais. Ne te dérange pas.

Il quitte la pièce. Les trois autres échangent un regard muet.

Coupe sur

90. Devant la maison Charpin, extérieur nuit

La voiture de Matthieu, tous phares allumés, vient se garer près de la Twingo et de la Volvo de Gérard. Matthieu sort de la voiture et va pour ouvrir la porte côté passager, mais Anne ne l'a pas attendu.

ANNE : Viens dîner avec nous.
MATTHIEU : Je ne veux pas vous déranger.
ANNE : Ça ne dérange personne, et moi ça me fait plaisir. Allez !

Elle le prend par le bras et l'entraîne dans la maison.

91. Entrée et salon Charpin, intérieur nuit

Anne et Matthieu entrent dans la maison. Tante Line apparaît à la porte du salon.

ANNE : Bonsoir, Tante Line. Il est tard, hein !
TANTE LINE : J'ai peur que tu te fatigues, surtout.
ANNE : Gérard est déjà là ?

GÉRARD (off) : Bien sûr que je suis là. Nous sommes tous là !

Anne et Matthieu entrent dans le salon, précédés par Tante Line. Gérard, François et Michèle sont assis, Gérard un verre à la main.

ANNE : Je suis désolée.
GÉRARD : Ce n'est pas grave, mon chou. Tu veux un verre ?
ANNE : Non merci. J'ai proposé à Matthieu de dîner avec nous.

François regarde son père.

GÉRARD : Très bonne idée. Vous prendrez bien un verre, mon vieux...
MATTHIEU : Ma foi, avec plaisir.
TANTE LINE : Alors, dépêchez-vous, parce que Marthe va être furieuse. J'ajoute un couvert.
MICHÈLE : J'y vais, Tante Line.

Fondu au noir

92. La ville, extérieur jour

Différentes images de la ville : des rues, le marché, l'église dont la cloche sonne, la mairie où se rendent les électeurs.

Enchaîné sur

93. Devant la maison Charpin, extérieur jour

La famille tout entière sort de la maison. Ils sont d'assez bonne humeur. Ils se répartissent entre la Twingo et la voiture de Gérard.

GÉRARD : On pourrait très bien ne prendre qu'une seule voiture.
MICHÈLE : On pourrait, mais on le fait pas... J'ai promis à Marthe que je passais la prendre. Je veux surveiller son vote !

Gérard rit. Tante Line le regarde durement.

TANTE LINE : Je monte avec vous, les enfants. J'ai quelque chose à demander à Marthe.

Elle se dirige vers la Twingo, tandis que Gérard monte dans sa voiture, avec Anne comme passagère, et démarre.

94. Twingo, intérieur/extérieur jour

Tante Line s'engouffre dans la Twingo. Michèle met le moteur.

TANTE LINE : Je suis sûr qu'il ne va pas voter pour elle !

Enchaîné sur

95. Salle de vote, intérieur jour

Le rite habituel d'un jour d'élections : des bulletins sur la table, des scrutateurs derrière, et deux ridicules isoloirs sur les côtés.
Anne et Gérard prennent consciencieusement un bulletin de chaque nom, devant le sourire sceptique des scrutateurs. Gérard entre dans son isoloir et déchire le bulletin au nom de sa femme. Anne sort de son isoloir et se dirige vers l'urne. Elle tend sa carte d'électeur.

UN SCRUTATEUR : Charpin-Vasseur, Anne Véronique.
UN AUTRE SCRUTATEUR : A voté.

Gérard prend sa place et tend sa carte d'électeur.

UN SCRUTATEUR : Charpin-Vasseur, Gérard Paul Christophe.
UN AUTRE SCRUTATEUR : A voté.

Gérard rejoint Anne, la prend par les épaules et l'embrasse. C'est à ce moment que le quatuor formé de François, Michèle, Tante Line et Marthe entre dans la pièce.

ANNE : On vous retrouve à la maison ! (À l'oreille de Marthe) Votez bien, Marthe.

Enchaîné sur

96. Salle à manger Charpin, intérieur jour

Les membres de la famille sont autour de la table. Tante Line est en train de découper un gigot.

ANNE : Tu gardes la souris pour Gérard. C'est son morceau préféré.

Enchaîné sur

97. Salon Charpin, intérieur soir

La vieille horloge de famille, qui trône dans le salon depuis des générations, sonne six coups. La pièce est vide, mais il y a du bruit dans l'entrée.

98. Entrée maison Charpin, intérieur soir

Gérard, Anne et François sont sur le point de partir. Michèle et Tante Line sont un peu en retrait.

ANNE : Alors, on vous laisse toutes les deux ? (À Michèle) Tu ne veux vraiment pas venir ?
MICHÈLE : Non. Il faut vraiment que je prépare cet exposé pour demain. Et puis, de toute façon, je suis sûre du résultat, alors...
ANNE : Dieu t'entende.

Gérard s'approche de Michèle.

GÉRARD : Si tu veux être à l'aise, je te prête mon bureau. Exceptionnellement !

Il lève le doigt en l'air.

MICHÈLE : Merci, tu es très gentil.

Le doigt s'abaisse et la main de Gérard vient pincer la joue de Michèle.

GÉRARD : Travaille bien, ma cocotte.
FRANÇOIS : Je reste, si tu veux ?
MICHÈLE : Non, je te dis que je veux travailler. Et puis, je suis sûre que ça va t'amuser.
ANNE : Je ne te demande pas de venir, Tante Line ?
TANTE LINE : Oh non ! J'ai des tas de choses à

faire. Et puis j'aime pas les réunions comme ça, tu sais bien.
ANNE : Allez, on y va.
MICHÈLE (à François) : Tu as les clés de la Twingo ?
FRANÇOIS : Oui, oui.

Le trio sort. Tante Line se tourne vers Michèle.

TANTE LINE : Gérard te prête son bureau ! Tu as de la chance !
MICHÈLE : En tout cas, je vais en profiter.
TANTE LINE : Je suis sûre que ta mère va gagner.
MICHÈLE : J'espère bien.
TANTE LINE : Je le sens !

Enchaîné sur

99. Salle de la mairie, intérieur soir

Le rite du dépouillement a commencé. Les scrutateurs travaillent. Les autres regardent et font leurs commentaires. François et Anne sont parmi la foule (relative). Le maire s'approche d'eux discrètement et parle bas à Anne.

LE MAIRE : Vous êtes contente ? Ça se présente pas mal.

ANNE : Oui, je n'en reviens pas. Vous connaissez mon beau-fils ? François, c'est monsieur le maire.
LE MAIRE : Jusqu'à ce soir ! Enchanté, jeune homme !
FRANÇOIS : Monsieur le maire...
LE MAIRE : Vous vous intéressez à la politique ?
FRANÇOIS : Seulement de l'extérieur.
LE MAIRE : C'est bien vous qui étiez en Amérique ?
FRANÇOIS : Absolument.
LE MAIRE : Grand pays ! (À Anne) Votre mari n'est pas là ?
ANNE : Si, si. Mais je crois qu'il est allé chercher des cigarettes.
LE MAIRE : En tout cas, si vous avez soif, j'ai mis une bouteille au frais dans mon bureau... dans votre bureau.
ANNE : Comme vous y allez.
MAIRE : Mais si, mais si.

Le dépouillement continue. Le nom d'Anne est de loin celui qui revient le plus souvent. Matthieu arrive dans la salle. Il est hilare et tout excité. Il cherche des yeux Anne et François et se précipite vers eux.

MATTHIEU : Je viens des autres bureaux. Ça marche comme sur des roulettes. Si ça continue comme ça, on est bons dès le premier tour.

Coupe sur

100. Jardin maison Charpin, extérieur soir

La nuit est en train de tomber doucement. Tante Line est assise sur un banc dans un coin éloigné du jardin. Elle est plongée dans une de ses lourdes rêveries.

VOIX DE PIERRE CHARPIN : Espèce d'immonde petite garce ! Tu crois que j'allais laisser déshonorer ma famille ? Hein ? Mais réponds-moi !
VOIX DE MICHELINE CHARPIN (18 ans) : Mais lâche-moi ! Lâche-moi !

En arrière-plan, de l'autre côté de la maison, arrive la voiture de Gérard.

101. Bureau Gérard maison Charpin, intérieur soir/nuit

C'est une pièce que nous ne connaissons pas encore, le sanctuaire de Gérard dans la maison. Beau bureau principal peu chargé en livres, mais dont l'atmosphère évoque une longue lignée. Michèle s'est installée là, avec trois ou quatre bouquins de philosophie psycho-psychanalytique (genre Stekel). Elle prend soigneusement des notes, avec un sérieux qu'on aurait eu du mal à soupçonner. Sans qu'elle s'en aperçoive, la porte s'ouvre doucement et Gérard entre dans la pièce. Il s'appuie contre le mur et contemple la jeune femme sans rien dire.

GÉRARD : On est bien là, pour travailler, hein ?

Michèle lève la tête, un tantinet effrayée.

MICHÈLE : Oh ! Tu m'as fait peur. Je ne t'avais pas entendu. Pourquoi tu rentres si tôt ?
GÉRARD : Ta mère est tellement occupée. Je suis sûr qu'elle aime autant que je ne sois pas là.

Il s'avance dans la pièce, tandis que Michèle, bon gré mal gré, se remet à son travail.

MICHÈLE : Excuse-moi.
GÉRARD : Je t'en prie, mon petit, travaille, travaille !

Il se dirige vers un petit meuble qui contient les alcools et se sert un whisky.

GÉRARD : Tante Line est pas là ?
MICHÈLE : Je crois qu'elle est dans le jardin.

Gérard boit son whisky quasiment cul sec.

GÉRARD : Je te sers un verre ?
MICHÈLE : Non merci.
GÉRARD : Mais si. Ça éclaircit les idées.

Il verse du whisky et de la glace dans un autre verre, et en profite pour remplir le sien. Il se rapproche du bureau sur lequel il pose le verre destiné à Michèle et passe derrière elle pour lire par-dessus son épaule.

GÉRARD : C'est sur quoi, ton exposé ?

Sans bouger la tête, Michèle lève les yeux au ciel mais répond poliment.

MICHÈLE : La notion de culpabilité.

Gérard étouffe un rire. Il prend un des livres sur la table. Il en lit le titre.

GÉRARD : *L'Univers morbide de la faute*. Nom de Dieu !

Il cogne son verre contre celui de Michèle, toujours sur la table.

GÉRARD : Allez, à la tienne.

En désespoir de cause, Michèle prend son verre.

MICHÈLE : C'est bon, les résultats ?
GÉRARD : Tu sais bien que je m'en fous. Allez, bois !

Elle obtempère.

MICHÈLE : Il faut me laisser travailler.
GÉRARD : Mais oui, je vais te laisser travailler. Alors, c'est pas bon ?
MICHÈLE (pas contrariante) : C'est excellent.

GÉRARD : Je te dis, ça éclaircit les idées, ça ouvre l'esprit.

Il pose sa main sur le cou de Michèle et commence à lui masser le cou. Michèle a un timide geste de recul, mais Gérard insiste.

GÉRARD : J'aime bien quand ma petite fille travaille aussi sérieusement.

Il finit son verre, qu'il pose sur le bureau.

MICHÈLE : Je ne suis pas ta fille.
GÉRARD : Non, mais je t'aime comme ma fille. Enfin, presque.

Cette fois, ce sont les deux mains de Gérard qui massent son cou et ses épaules.

MICHÈLE : Tu ne vas pas recommencer ?
GÉRARD : Recommencer quoi ?
MICHÈLE : Tu le sais bien.

Cette réflexion rend Gérard furieux. Il resserre ses doigts plus fortement autour des épaules de Michèle.

GÉRARD : Dis donc, petite garce, quand tu couches avec mon fils, tu ne te poses pas la question de savoir si c'est presque ton frère.

Michèle n'en peut plus. Elle se dégage brutalement et se lève. Mais Gérard la coince contre le bureau.

MICHÈLE : Ça suffit ! Qu'est-ce qui t'arrive, tu deviens fou ?
GÉRARD : Oh non, ma petite salope.
MICHÈLE : Tu es complètement soûl ! Tu pues le whisky.
GÉRARD : Mais non !

Son visage est tout contre celui de Michèle.

MICHÈLE : Lâche-moi, maintenant.
GÉRARD : Pourquoi ? Tu vas crier ?
MICHÈLE : Non, je ne vais pas crier.
GÉRARD : Je sais bien !
MICHÈLE : C'est toi qui as fait ce tract dégueulasse !
GÉRARD : Qu'est-ce que c'est que cette histoire ?
MICHÈLE : C'est toi qui as fait ce tract.
GÉRARD : Ça t'excite, hein, d'imaginer ça...

Il la serre encore plus. Ne sachant comment se dégager, Michèle tend la main vers la lourde lampe du bureau, et avec la force du désespoir, assène un coup d'une violence inouïe sur la tempe de Gérard. Celui-ci s'écroule, se cognant encore violemment contre le coin du bureau. Il tombe au sol comme une masse. Michèle, affolée, reste un instant immobile, repose la lampe qui est plus ou moins cassée, puis se penche en hésitant sur le corps de Gérard immobile.

MICHÈLE : Oh non !

Un peu de sang arrive au coin de la lèvre de Gérard. Michèle quitte précipitamment la pièce.

MICHÈLE (off, gémissant) : Tante Line !

102. Jardin maison Charpin, extérieur soir/nuit

Michèle court à travers le jardin vers le banc où se trouve Tante Line.

MICHÈLE : Tante Line ! Tante Line !

Tante Line sort lentement de sa rêverie. Elle se tourne vers Michèle qui arrive vers elle. Vues de loin, ce sont deux silhouettes dans la nuit tombante qui se dirigent vers la maison.

Coupe sur

103. Bureau Gérard, intérieur nuit

Gérard est toujours immobile dans la même position. Tante Line s'approche de ce corps inerte, s'agenouille, lui tâte le cœur, le pouls. Michèle est légèrement en retrait, frissonnante. Tante Line se relève. Son visage est d'une opacité terrifiante.

MICHÈLE (ce n'est pas une question) : Il est mort...

Tante Line ne répond pas. Elle regarde la lampe.

TANTE LINE : Il ne faut pas laisser cette lampe là. Je crois qu'il y en a une à peu près pareille au grenier.

Elle s'empare de la lampe. Michèle la regarde faire, comme abasourdie.

TANTE LINE : Ne bouge pas. Surtout ne bouge pas.

Elle quitte la pièce avec la lampe abîmée. Michèle reste seule, s'assied machinalement sans pouvoir quitter le corps de Gérard des yeux.

Enchaîné sur

104. Même décor, intérieur nuit

L'emplacement vide de la lampe. Soudain une autre lampe, à peu près semblable, prend la place. Tante Line va la brancher, et seulement alors elle se tourne vers Michèle.

TANTE LINE : Ça va ?

Michèle la regarde sans répondre. Tante Line s'approche d'elle, la caresse.

TANTE LINE : Ça va ?

Michèle finit par opiner de la tête.

TANTE LINE : Tu as envie de pleurer ?

Michèle secoue négativement la tête.

MICHÈLE : Je ne peux pas.
TANTE LINE : C'est bien. Il faut que tu prennes sur toi, ma chérie. Il faut que tu m'aides. Écoute-moi. Tu n'as rien fait, tu comprends. Tu n'as rien fait. Tu vas m'aider à transporter Gérard dans sa chambre. Tu te sens la force ?
MICHÈLE : Je ne sais pas.
TANTE LINE : Je t'en supplie, il faut que tu m'aides. Je ne peux pas le transporter seule. Tu as confiance en moi ?
MICHÈLE : Bien sûr, Tante Line.
TANTE LINE : Alors, aide-moi. Je t'expliquerai, ma chérie.

Michèle approuve de la tête et se lève. Les deux femmes prennent chacune un bras de Gérard et tirent le corps hors de la pièce.

105. Escalier maison Charpin, intérieur nuit

Les deux femmes, traînant le corps de Gérard, arrivent au pied de l'escalier. Tante Line dirige les opérations.

TANTE LINE : Le mieux, c'est de continuer à le tirer comme ça.

Elles joignent le geste à la parole et tirent le corps le long de l'escalier. Mais après quelques marches, Tante Line s'arrête.

TANTE LINE : Arrête-toi une seconde. Je n'en peux plus.

Elles s'assoient dans l'escalier et coincent le corps pour l'empêcher de glisser.

TANTE LINE : Ma Michèle, mon petit ange, écoute-moi. Tu sais le drame qui nous est arrivé à la fin de la guerre.
MICHÈLE : Oui, bien sûr, mais toi...
TANTE LINE : Non, ne dis rien, je t'en supplie, écoute-moi. Ce que je vais te dire, personne ne le sait et personne ne le saura jamais. Tu ne sais pas à quel point mon père a été épouvantable pendant la guerre. Il a travaillé pour les Allemands, il a fait des listes de juifs qui ont été déportés, même des enfants. Il a aidé à pourchasser les résistants. Et quand François, mon frère, est parti rejoindre le maquis, il l'a laissé tuer comme les autres. Oui, j'ai assassiné mon père. Et ce qui est terrible, c'est que je ne l'ai jamais regretté. Je sais que c'est un acte épouvantable, mais je ne l'ai jamais regretté.

Elle se tait soudain, regarde Michèle avec un air pitoyable. La jeune fille est bouleversée.

MICHÈLE : Ne me dis plus rien, Tante Line.
TANTE LINE : Oui, tu as raison. Finissons le travail.

Elle se lève. Michèle en fait autant, presque heureuse d'interrompre cette confession gênante. Elles continuent le transport de Gérard jusqu'en haut des escaliers. Là, elles le laissent retomber et restent immobiles, hors d'haleine.

TANTE LINE : Je ne ferais pas ça tous les jours !

Elle ne peut s'empêcher de rire, d'un rire suffisamment contagieux pour que Michèle soit prise à son tour. C'est un véritable fou rire qu'elles ne peuvent retenir. Jusqu'à ce que retentisse la sonnerie du téléphone. Leur rire s'étrangle dans leur gorge.

TANTE LINE : Mon Dieu, on est folles !

Tante Line descend rapidement l'escalier et va décrocher le téléphone.

TANTE LINE : Oh, François, mon petit François...

106. Salle de la mairie, intérieur nuit

François est au téléphone, hilare.

FRANÇOIS : Je voulais vous dire que tout se présente bien.

Non loin de lui, Anne, Matthieu et quelques personnes vont et viennent. Le visage de François s'est fermé. Inconsciemment, il se détourne des autres.

FRANÇOIS : Oh ! mon Dieu !... Quoi ?... Oui, oui, bien sûr... Oui, je comprends. J'arrive tout de suite.

Il interrompt la communication, se compose un visage léger et s'approche d'Anne.

FRANÇOIS : Anne, excuse-moi, il faut que je file.
ANNE : Qu'est-ce qui se passe ?
FRANÇOIS : Il ne se passe rien. C'est Michèle qui a envie de me voir, c'est tout.
ANNE : C'est du joli ! Et tu y vas comme un toutou, toi ?
FRANÇOIS : De toute façon, c'est gagné, maintenant !
ANNE : Va, mon grand. On va pas tarder nous non plus. (À Matthieu, un peu légèrement) Tu me ramèneras, Matt ?
MATTHIEU : Je vous ramènerai, bien sûr.

Coupe sur

107. Chambre Gérard et Anne, intérieur nuit

Tante Line est en train de disposer le corps de Gérard d'une façon qui évoque irrésistiblement la position de son père mort dans la même chambre.

MICHÈLE : Qu'est-ce que tu fais ?
TANTE LINE : Je ne sais pas comment t'expliquer. J'ai l'impression de refaire des choses à l'envers.

Elle contemple le corps, comme si c'était celui de son père.

VOIX DE MICHELINE (18 ans) : Tu n'avais pas le droit de dire ça !
TANTE LINE : Mon frère était l'homme de ma vie. Il m'aimait autant que je l'aimais... (Elle change brusquement de ton) Michèle, viens dans ta chambre !

Michèle se laisse entraîner hors de la pièce.

108. Chambre Michèle, intérieur nuit

La porte s'ouvre, Tante Line fait jaillir la lumière. Elle pousse Michèle vers le lit.

TANTE LINE : Assieds-toi.

Il n'est pas question de désobéir.

TANTE LINE : Écoute-moi bien, ma chérie. C'est moi qui ai tué Gérard, tu comprends. Ce n'est pas toi, c'est moi.

Michèle attend la suite qui ne vient pas. Elle se sent obligée de répondre.

MICHÈLE : Mais, Tante Line, je ne peux pas te laisser faire ça.
TANTE LINE : Mais si, tu ne comprends pas. C'est une chance extraordinaire pour moi. Ça fait soixante ans que j'attends. Tous les jours, j'ai espéré que quelque chose... Je ne sais pas comment m'expliquer.
MICHÈLE : C'est impossible, Tante Line. Mais je comprends.
TANTE LINE : Tu comprends, ce n'est pas pour toi, c'est pour moi. C'est même pas pour moi.
MICHÈLE : J'ai compris, Tante Line. Je commence à ressentir la même chose.
TANTE LINE : Et toi, tu as encore ton François. Il va t'aider. Moi j'étais toute seule. C'était trop dur. Je suis contente d'en être débarrassée. (Elle rit) C'est rigolo, on va mentir à tout le monde !
MICHÈLE : Moi, je veux dire la vérité à François. Je ne veux pas vivre avec lui dans le mensonge.
TANTE LINE (après une hésitation) : François

d'accord. Mais personne d'autre, hein ? Personne ! Regarde-moi dans les yeux.

Michèle obéit.

TANTE LINE : C'est moi qui ai tué Gérard Vasseur parce que je considérais que c'était un horrible salaud.

Michèle fixe les yeux de Tante Line. Elle opine de la tête et la regarde avec infiniment de tendresse.

MICHÈLE : Quand je pense que tu as retenu tout ça en toi pendant si longtemps.
TANTE LINE : Ah, ma petite chérie, le temps n'existe pas. C'est un présent perpétuel.
MICHÈLE : J'entends François.

Les deux femmes vont à la fenêtre et voient François sortir de la Twingo et se diriger vers la porte. Tante Line retrouve sa formidable efficacité.

TANTE LINE : J'y vais. Attends-le là.

Elle sort rapidement. Michèle reste à la fenêtre, regardant la nuit. Son regard ressemble un peu à celui de Tante Line. Puis, doucement, elle s'écroule au pied de la fenêtre, évoquant la prostration de Micheline dans la même pièce, soixante ans plus tôt. Un temps passe. Michèle est perdue dans ses pensées.

FRANÇOIS (off) : Michèle.

Michèle lève les yeux vers la porte. François entre, s'approche d'elle et s'accroupit à ses côtés. La panique et la honte envahissent Michèle.

MICHÈLE : Oh, mon chéri.
FRANÇOIS : Ne dis rien. Tante Line m'a raconté. Je suis près de toi.
MICHÈLE : Mais...
FRANÇOIS : Chut... Je suis près de toi.

Coupe sur

109. Devant maison Charpin, intérieur nuit

C'est l'arrivée joyeuse et brutale de voitures et motos bruyantes, klaxonnant la victoire. Anne, Matthieu et quelques supporters entrent dans la maison.

LES SUPPORTERS : On a gagné ! On a gagné !
UN SUPPORTER : Est-ce que vous avez vu la tête de Machuron ?

110. Entrée et salon Charpin, intérieur nuit

Tante Line va à la rencontre de la horde, comme si de rien n'était.

TANTE LINE : Les nouvelles sont bonnes à ce que je vois.
ANNE : Oui, j'avoue que c'est vraiment inattendu.
MATTHIEU : Mais non !
UN SUPPORTER : On dit « madame le maire » ou « madame la mairesse » ?
ANNE : En tout cas, on est là pour fêter ça ! Où sont les enfants ?
TANTE LINE : En haut.
FRANÇOIS (off) : On arrive, Anne ! Félicitations.
MICHÈLE (off) : Bravo, Maman.

Tante Line est fière de ses élèves.

111. Palier de l'étage et escalier, extérieur nuit

François et Michèle apparaissent au coin de la porte de la chambre de Michèle. François essuie une larme au coin de l'œil de la jeune fille.

FRANÇOIS : Allez, tâchons de faire bonne figure !

Ils se dirigent vers l'escalier, l'air de plus en plus souriant et heureux.
Ils descendent rejoindre la joyeuse bande. Les congratulations se déroulent sous le générique de fin.

Qui est criminelle ?

par Caroline Eliacheff

« Tous les jours vont à la mort, le dernier y arrive. »
Montaigne

Why, Violette, Marie, Sophie et Jeanne, Mika, Micheline et Michèle – elles ont toutes tué, une ou plusieurs personnes. Au cinéma. Dans les films de Claude Chabrol. Dans seulement six films sur la cinquantaine que ce metteur en scène a réalisés entre 1957 et 2003. Ce n'est qu'au dix-huitième film, et dix ans après le premier (*Le Beau Serge,* 1957), que Why, une des deux héroïnes des *Biches* (1967), inaugure la série des tueuses.

Qu'il s'agisse de scenarii originaux ou d'adaptations, Claude Chabrol accorde toujours une importance symbolique aux prénoms et aux noms de ses personnages. Il les choisit avec soin : une Huguette n'aura pas la même personnalité qu'une Victoire. Why n'est pas un prénom. C'est une question qui hante les films de Claude Chabrol. Il serait trop simple de croire que cette question serait : « Pourquoi tue-t-on ? » Ou trop complexe de la poser sous la forme : « Que veut une femme ? » Il faut, je crois, laisser cette question s'incarner dans ces personnages de femmes criminelles.

Onze ans après *Les Biches*, Claude Chabrol réalise *Violette Nozière* (1978) et, dix ans plus tard, *Une affaire de femmes* (1988), à partir de deux faits divers, l'un datant de l'avant-guerre et l'autre de l'Occupation. Après ces deux adaptations historiques, le rythme s'accélère : sept ans plus tard, *La Cérémonie* (1995) ; cinq ans plus tard, *Merci pour le chocolat* (2000) ; et trois ans plus tard, le dernier en date, *La Fleur du mal* (2003). Y a-t-il un sens à donner à cette chronologie ? Je ne sais pas. C'est peut-être en suivant les destins de ces femmes que quelque chose apparaîtra – ou pas.

Ont-elles des points communs ? L'essentiel, bien sûr, est d'avoir été rêvées, construites, observées, aimées par le même homme qui, à travers elles, dit quelque chose de lui ou des énigmes qui le fascinent : le bien et le mal, l'innocence et la culpabilité, la rédemption, la répétition des secrets du passé, le poids de la société.

Quand il s'agit de poser des questions plus que d'apporter des réponses, le crime – parce qu'il ne se réduit jamais aux raisons que chacun peut avoir de tuer, ni même à ses circonstances – est une métaphore idéale du mystère de l'âme humaine.

Claude Chabrol ne dit pas ce qu'il pense, ne juge pas, mais il livre des pistes, une abondance de pistes. Tout a du sens, absolument tout, mais lequel ? La mécanique d'une précision horlogère qu'est le déroulement de chaque scène, la façon dont elle est filmée, montée, et s'enchaîne avec la suivante, tout est signifiant, mais de quoi ?

Si vous prenez plaisir à voir et à revoir l'œuvre de Claude Chabrol, c'est qu'il s'adresse à vous, personnellement. Chaque projection vous fait découvrir quelque chose qui vous avait échappé car, dans son apparente simplicité, la mise en scène de chaque histoire singulière renvoie à un mystère universel et à des questions individuelles. Tout est pourtant là pour que le mystère s'éclaircisse. Mais l'abondance d'indices ne dévoile rien. Elle questionne encore et encore.

Cela vaut pour chaque film. Mais quand on les envisage tous ensemble, d'autres rapports apparaissent, d'autant plus intéressants qu'ils ne semblent pas relever d'une volonté consciente de l'auteur.

Commençons, dans l'ordre, par *Les Biches.* Frédérique (Stéphane Audran) est une riche héritière, oisive. Why (Jacqueline Sassard) ne l'est pas : elle dessine des biches à la craie sur le trottoir du pont des Arts. On n'apprendra strictement rien sur le passé de ces deux femmes. Film minimaliste de ce point de vue. Frédérique séduit Why (ou réciproquement) et l'emmène dans sa villa de Saint-Tropez en hiver. Amours lesbiennes, discrètes mais évidentes, articulées autour du narcissisme de l'une et de l'autre : nous nous aimons parce que nous nous ressemblons, mais nous ne sommes pas pareilles puisque l'une, Frédérique, asservit l'autre, Why. Apparaît Paul (Jean-Louis Trintignant), d'abord séduit par Why avec qui il passe la nuit. Why était vierge ; elle devient femme, comme Frédérique. Dès le lendemain, Frédérique séduit Paul et ils tombent amoureux l'un de l'autre. Why est exclue du couple mais reste dans la maison, accentuant encore et encore sa ressemblance physique avec Frédérique par la coiffure, le maquillage, les vêtements. Lorsque le couple part pour Paris, abandonnant Why, celle-ci rejoint Frédérique, la tue très calmement d'un coup de couteau dans le dos et prend tout simplement sa place, attendant Paul. Drame de la jalousie, qui n'est jamais nommée, dans sa dimension d'exclusion. « La jalousie, écrit le psychanalyste Denis Vasse, est déclenchée lorsque nous croyons, dans le registre du semblant, que ce qui fait vivre l'autre ne peut pas nous faire vivre. La vie, pour le jaloux, ne se partage pas. Elle est ou à moi ou à toi. Or, une vie qui ne serait pas de l'ordre du partage originaire (alliance) et de la génération – réalisons-le ici – serait une vie sans autre. Une vie d'apparence [1]. »

Why dessinait répétitivement, sans se reconnaître le moindre talent, des biches toutes identiques. Mais dans son imaginaire, il ne peut y avoir de place pour deux biches. Imitant jusqu'à la voix de Frédérique, après l'avoir tuée, pour parler à Paul qui s'étonne qu'elle ne le rejoigne pas au restaurant comme prévu, elle lui dit : « Non, je ne suis pas folle, je veux être avec toi, toute seule. » Why ne sait effectivement qu'être seule avec l'autre. Seule avec Frédérique, puis seule avec Paul, excluant pour une nuit seulement Frédérique, puis l'excluant en la tuant pour se retrouver seule avec Paul. Est-ce un crime ?

La question de la ressemblance est un lien possible entre *Les Biches* (1967) et *Violette Nozière* (1978). Quand on regarde successivement ces deux films, on est frappé par les deux premiers plans de chacun : Stéphane Audran dans *Les Biches,* Isabelle Huppert dans *Violette Nozière,* chapeau noir incliné sur le même côté du visage, maquillage sophistiqué insistant sur les yeux, même éclairage clair-obscur, l'une pourrait aisément être prise pour l'autre. Dans *Violette Nozière,* tourné onze ans après *Les Biches,* Stéphane Audran joue le rôle de la mère d'Isabelle Huppert. Elles ne se ressemblent pas mais on ne

1. Denis Vasse, *Inceste et jalousie,* Seuil, 1995, p. 19.

doute pas un instant que l'une puisse être la mère de l'autre, puisque Claude Chabrol nous y avait préparés, sans le savoir, ou en le sachant ?

En 1931, Marguerite Pantaine avait tenté d'assassiner l'actrice Huguette Duflos qui interprétait le rôle principal d'une pièce intitulée *Tout va bien !* En 1932, Jacques Lacan publie sa thèse sur celle qu'il rebaptise Aimée (*De la psychose paranoïaque dans ses rapports avec la personnalité*), rénovant ainsi la vision que l'on avait de la paranoïa, considérée jusqu'alors comme l'apanage des hommes, les femmes étant plutôt sujettes à l'hystérie. En 1933, Violette Nozière et les fameuses sœurs Papin tuent, la première ses parents, les autres leur patronne et sa fille. Années fastes pour les faits divers, qui enflamment le public, les surréalistes, les psychiatres et, plus tard, les cinéastes.

Violette Nozière n'a pas de sœur (bien qu'elle s'en invente une) mais elle est (au moins) double : le jour, c'est une sage jeune fille portant col Claudine, vivant dans une extrême promiscuité avec ses parents : l'appartement est minuscule, le père est mécanicien dans les chemins de fer, la mère est au foyer. La nuit, Violette se prostitue et entretient un gigolo en volant ses parents ou en faisant chanter l'ex-amant de sa mère. Ses parents l'empoisonnent, elle les empoisonne. Son père meurt, sa mère en réchappe. Au procès, elle sera condamnée à être pendue. L'évocation, peu crédible, d'un inceste père-fille ne jouera pas en sa faveur. La suite, historiquement exacte, on l'apprend par une voix off à la toute fin du film : « Condamnée à mort le 13 octobre 1934, Violette Nozière sera graciée le 24 décembre par le président Lebrun et sa peine commuée en travaux forcés à perpétuité. Suite à son exemplaire conduite en prison, le maréchal Pétain ramène sa condamnation à douze ans. Résolue à prendre le voile dès l'expiration de sa peine, libérée le 29 août 1945 puis graciée le 1er septembre par le général de Gaulle qui signe en sa faveur un décret annulant les vingt-cinq ans d'interdiction de séjour auxquels elle était condamnée, elle épouse finalement le fils du greffier comptable de la prison qui lui donnera cinq enfants. Ils ouvriront un commerce. En 1963, peu avant sa mort, la cour de Rouen, fait unique dans l'histoire de la justice française s'agissant d'un condamné à mort de droit commun, prononce sa réhabilitation. »

Autre époque, autres mœurs : *Une affaire de femmes*, tourné dix ans après *Violette Nozière* avec la même interprète, Isabelle Huppert, a également eu lieu dix ans plus tard, en 1943. La jeune femme, Marie Latour, pratique des avortements clandestins et loue des chambres à des prostituées pour améliorer son ordinaire. Elle aussi mène une double vie : d'un côté, mère de famille et femme mariée se refusant à son mari ; de l'autre, amante, maquerelle et avorteuse. Une de ses « clientes » meurt à la suite d'un avortement. Marie est dénoncée à la police de Vichy par son mari qui l'a surprise au lit avec un amant. Jugée pour « crime contre l'État », elle est guillotinée le 30 juillet 1943. Le même maréchal Pétain ne s'y est pas opposé, au contraire. La voix off de Claude Chabrol, qui accompagne Marie à l'échafaud, commente : « Il devait faire très beau ce matin-là, le 30 juillet 1943. Ce sont les enfants du quartier qui me l'ont appris : on a guillotiné ta mère ! C'est difficile à croire, même à sept ans. Ça fait un grand trou noir à l'intérieur de soi. Elle était parfois si gaie et elle aimait tant chanter. »

Violette a tué avec préméditation son père (« C'était une idée fixe depuis deux ans », dira-t-elle) tout en affirmant au juge : « Y a rien à comprendre. » Ce qui paraît surprenant et incompréhensible, c'est l'absence d'événement déclenchant. Penser que l'on a envie de tuer quelqu'un ne signifie pas que l'on organise le crime. Curieusement – et c'est tout l'art de la mise en scène –, le spectateur, qui n'ignore rien de l'intrigue puisqu'il s'agit d'un fait divers connu, doute de ce qu'il voit au milieu du film : Violette empoisonne-t-elle ses parents ? Il ne comprendra cette scène que plus tard, lorsqu'elle se la remémorera.

Marie Latour, elle, n'a jamais eu l'intention de tuer. Ce qu'elle fait est illégal, elle ne l'ignore pas, mais, comme elle dit, « c'est facile de pas faire de saloperies quand t'es riche ». Vivre mieux au jour le jour sous l'Occupation, faire plaisir à ses enfants et se faire plaisir à elle-même, telle apparaît Marie. Sa dénonciation par son mari trompé illustre à merveille cette phrase de Bernanos : « Les plus grandes canailleries de l'Histoire n'ont pas été faites par les plus grandes canailles de l'Histoire, mais par les lâches et les impuissants. »

Si l'on envisage ces deux films ensemble, on peut dire qu'ils s'articulent autour de la même question : qui la société considère-t-elle comme criminelle ? Bien que Claude Chabrol n'énonce les verdicts qu'en fin de film et en voix off d'une façon assez neutre, ils offrent matière à discussion : Violette, qui a prémédité de tuer ses parents et dont le père est mort, est condamnée à mort. Mais de remise de peine en remise de peine, elle est finalement réhabilitée. L'ordre social entérine, peut-être à son insu, ce qu'elle disait avant même de savoir qu'elle ne serait pas exécutée : « Je crois que je vais tout recommencer à zéro. Avant je ne pouvais pas, maintenant je peux. » Le crime est en quelque sorte une expérience initiatique, une épreuve par laquelle il lui faut passer pour s'intégrer à l'ordre social le plus conventionnel. Comme l'écrit Joël Magny, « le crime de Violette Nozière scelle un curieux pacte social : l'ordre du travail et de la reproduction sexuée implique la transgression pour maintenir son équilibre, mais aussi le secret et l'absolution de la part de la collectivité, d'où découle une rédemption profane [1] ».

Marie Latour n'aura pas le temps de se repentir, et elle n'en a probablement pas l'envie. Comme elle le dit elle-même : « J'ai tué personne, quand même. » Mais elle a touché à des valeurs que l'État pétainiste – qui lui-même bafouait bien d'autres valeurs – avait à cœur d'exalter : le Travail, la Famille, la Patrie. Le fait que Marie Latour ait été jugée par le tribunal préposé aux crimes contre l'État montre bien qu'elle a été condamnée pour avoir enfreint des principes et non pour son « crime ».

En deux phrases, on saisit que Marie a parfaitement compris ce dont elle était accusée. « On aurait dit que j'avais assassiné le président de la République », dit-elle en apprenant la façon dont elle allait être jugée. Une fois condamnée, elle fait cette « prière », ô combien provocante, qui scelle la complicité de l'Église et de l'État qu'il faudra encore bien des années pour dénouer afin que les femmes n'en soient plus les victimes : « Je vous salue Marie pleine de merde, le fruit de vos entrailles est pourri. »

Claude Chabrol, de sa position d'artiste, ne dénonce ni n'encense la norme. Il ne commente pas non plus l'Histoire, il la recrée en lui restant

1. Joël Magny, *Claude Chabrol*, Cahiers du cinéma, coll. « Auteurs », 1987, p. 162.

fidèle, faisant apparaître les choses cachées, celles qu'on n'ose pas dire ni parfois même penser.

Il n'est pas indifférent, si l'on pense aux trois films suivants (*La Cérémonie*, *Merci pour le chocolat* et *La Fleur du mal*), que l'histoire de Marie Latour soit filmée en grande partie du point de vue de son fils. Le film se termine par un carton où est écrit : « Ayez pitié des enfants de ceux que l'on condamne. »

Si *Violette Nozière* et *Une affaire de femmes* posent la question de savoir *qui* la société considère comme criminelle, les trois films suivants affirment l'idée selon laquelle on peut tout oublier, mais que rien ne s'efface. Pascal Quignard l'exprime mieux que je ne saurais le faire lorsqu'il écrit : « La question de tous les temps est toujours : qu'est-ce qui est sur le point de revenir ? » En ce sens, le fils de Marie Latour, apprenant à sept ans que sa mère a été guillotinée, indique que l'histoire se transmet de génération en génération, thème que Claude Chabrol va développer par la suite de différentes manières s'articulant toutes autour d'un crime.

La Cérémonie (1995) raconte l'histoire de deux jeunes femmes, Jeanne la postière (Isabelle Huppert) et Sophie l'employée de maison (Sandrine Bonnaire), qui auraient pu ne jamais se rencontrer. Mais aussi celle de deux milieux sociaux : les patrons, la famille Lelièvre, des plus sympathiques, et les employées. La France d'en haut et celle d'en bas, comme on dit aujourd'hui, symbolisées par la télévision. L'employée a son poste comme les patrons, mais ce n'est pas le même, et surtout ils ne regardent pas les mêmes programmes : l'une s'abrutit, les autres se cultivent. Trait d'union entre ces deux mondes, la fille de la maison, Mélinda (Virginie Ledoyen), qui va se mêler de ce qui ne la regarde pas.

Dans les films précédents, on ne connaissait rien ou presque du passé des héroïnes car ces films, à un titre ou à un autre, traitaient du présent. La référence au passé aurait inutilement « psychologisé », au plus mauvais sens du terme, le sujet à traiter : ce n'est pas dans l'enfance qu'il faut chercher une explication au crime de Why mais dans la rencontre – ici et maintenant. Quant à *Violette Nozière* et *Une affaire de femmes*, le sujet est moins le crime en tant qu'acte individuel que le verdict de la société.

Jeanne et Sophie, elles, ont toutes les deux un passé trouble, leurs crimes respectifs n'ayant jamais été reconnus ni par elle-même concernant Jeanne, ni par la société concernant Sophie. Jeanne a brutalisé sa petite fille qui en est morte, « par accident » soutient-elle. Le père de Sophie, lui, est mort dans l'incendie de sa maison auquel Sophie n'est pas étrangère. Leur amitié se soude sur le récit de ces petits meurtres en famille, secrets qu'elles seules peuvent partager entre fou rire, chatouilles et fricassée de girolles, pour conclure d'un commun accord : « On va aller faire le bien, ça nous changera ! » Cependant, c'est autour du secret actuel de Sophie que s'articule le récit du film : elle est analphabète, ce que le spectateur découvre avant les protagonistes. En effet, tous les éléments sont présents dans le jeu de Sandrine Bonnaire pour qu'on pressente ce handicap. Il est, pourrait-on dire, « agi » – mais, en tant que secret sauvagement gardé, il est impensable. Sa mise au jour sera le facteur déclenchant du drame final, la *cérémonie*, terme qui autrefois désignait les exécutions capitales : dans un passage à l'acte sur fond d'opéra, Jeanne et Sophie exécutent toute la famille Lelièvre presque sans y penser. Contrairement à leurs crimes précédents restés sans preuve, ici, tout a été enregistré par le magnétophone.

Le scénario est une adaptation d'un livre de Ruth Rendell paru en France en 1974 sous le titre *L'Analphabète*. L'analphabète est un personnage récurrent des livres de cet auteur spécialiste des « thrillers psychologiques ». Le suspense réside dans la découverte progressive d'une notion bien connue en psychanalyse et largement exploitée par nombre de romanciers, celle du secret de famille, qui fait agir consciemment ou à leur insu les protagonistes sur une ou plusieurs générations.

Plus que d'une adaptation, on pourrait parler d'une transposition : les éléments essentiels – l'analphabétisme de l'une, la tendance paranoïaque de l'autre, la folie à deux, le crime, les deux milieux sociaux – sont présents dans le livre de Ruth Rendell. Tout le reste a été « chabrolisé » : l'époque (actuelle), le lieu (la Bretagne), l'homosexualité (suggérée), la construction de la logique psychique des personnages – en référence au crime des sœurs Papin et au personnage d'Aimée, mais dans une perspective précise : si le fait divers que raconte *La Cérémonie* avait véritablement eu lieu en 1995, qu'aurait-il fallu pour qu'il ait un retentissement comparable ?

La différence entre la fin du roman et la fin du film montre qu'on peut raconter une histoire similaire dans des optiques très différentes. Le livre s'achève par le procès de Sophie. Elle est condamnée à un emprisonnement à vie et sera relaxée au bout de quinze ans. Mais, pour Ruth Rendell, la « punition » de Sophie est la révélation publique de son handicap, au sens où c'est ce qui pouvait lui arriver de pire. Le film, lui, se termine de la façon suivante : après le carnage, la postière emporte le magnétophone et repart tranquillement dans sa voiture qui tombe en panne au milieu de la route. Le curé, qui les avait renvoyées toutes deux du Secours catholique où elles allaient « faire le bien », l'emboutit et la tue. Auto-punition : mauvais jeu de mots peut-être, mais réalité certaine du processus paranoïaque.

Pendant ce temps, Sophie met de l'ordre dans la maison – n'a-t-elle pas été engagée pour ça ? –, enjambant sans un regard ni l'once d'une émotion le corps ensanglanté de son patron avant de quitter elle aussi les lieux. Elle voit la police qui s'affaire, le policier Crenn qui met en marche le magnétophone presque par inadvertance. On entend, sur le visage impassible de Sophie, ce que l'on vient de voir : la scène du carnage sur fond d'opéra (la sérénade de *Don Giovanni*). Dernières paroles, déjà entendues : « Sophie : Ça va. Jeanne : On a bien fait. »

Là, pas de punition, ni de châtiment, mais peut-être le sens véritablement chabrolien de toute cette histoire : qu'elle soit enfin « entendue ». La cérémonie que raconte le film aurait-elle eu lieu si les crimes du passé avaient été reconnus comme tels ou si l'amertume des deux protagonistes vis-à-vis de ce que représente la classe bourgeoise avait été entendue ? Ce thème sera à nouveau développé dans les deux films suivants.

Tout comme nous nous passionnons pour certains faits divers, les spectateurs sont venus nombreux voir *La Cérémonie*. Les films, comme les crimes, marquent les esprits quand ils sont ressentis comme le symptôme d'une époque et l'expression d'une structure psychique. Dans un film, quand on veut traiter du symptôme d'une époque, il faut qu'il s'incarne dans un personnage. On parle énormément de l'illettrisme mais qui sait comment se conduit un adulte illettré qui veut cacher un handicap dont il a honte ?

Sophie crée d'emblée un malaise. On pressent qu'il se cache quelque chose derrière son apparente perfection professionnelle, la pauvreté de son vocabulaire, son emploi répétitif et décalé de la formule « Je sais pas ». Son masque d'insensibilité ne dissimule pas que ses secrets ; il s'agit d'une véritable sidération émotive, que Sandrine Bonnaire a magnifiquement interprétée. Voici ce que dit le docteur Gisèle Gelbert, spécialiste des troubles de l'apprentissage de la lecture et de l'écriture, dont les travaux ont largement inspiré la construction du personnage de Sophie[1] : « C'est la scène où Mélinda, découvrant que les verres des lunettes sont transparents, lui dit : "Mais vous êtes dyslexique" qui m'a le plus impressionnée. Le spectateur qui ne connaît pas ces troubles pense que la réaction de Sophie s'explique par le fait qu'elle se sent découverte, dévalorisée, humiliée, mise à nu par le dévoilement de son secret. Pour moi, il s'agit de tout autre chose : c'est comme si une trappe – interne, intrapsychique – s'ouvrait sur le vide. Avant, elle avait des garde-fous pour ne pas sentir cette angoisse responsable de la sidération que j'appelle parfois l'"angoisse linguistique". Ce n'est pas l'impossibilité à utiliser l'écrit qui provoque cette angoisse,

1. C'est au docteur Gelbert qu'il est fait allusion dans le film quand Mélinda suggère à Sophie d'aller à Paris voir une dame qui pourrait lui apprendre à lire.

mais une prise de conscience fugitive du fonctionnement primaire, primitif, primordial du langage. C'est cet abîme qu'elle entrevoit dans la scène où elle pleure d'impuissance parce qu'elle ne peut déchiffrer le message qui lui est destiné. Mais c'est encore plus perceptible quand Mélinda lui dit : "Vous êtes dyslexique." On ne s'étonne pas de la suite : elle aurait fait n'importe quoi. (...) Ça m'a fait rire de lire que Chabrol trouvait que *La Cérémonie* était un film marxiste. C'était une boutade ? Pour moi, c'est un film linguistique[1]. »

Jeanne (Isabelle Huppert) présente des traits de structure paranoïaque qui la rapprochent du cas Aimée, cette femme qui, en 1931, avait tenté de tuer une actrice de théâtre avant d'être internée et de rencontrer Jacques Lacan : elle est postière, comme Aimée l'était, bien que les postières ne soient nullement préposées à la paranoïa du fait de leur métier ! D'un côté, elle mène une vie professionnelle assez terne où domine l'adaptation à la réalité. De l'autre, elle s'imagine une autre existence. L'univers de la publicité et du cinéma la fait rêver. Sa rencontre avec la belle Mme Lelièvre, ancien mannequin, donnera corps à un délire si proche de la réalité qu'on peut se demander si c'en est un : non seulement Catherine Lelièvre (Jacque-

1. Gisèle Gelbert, « Lire c'est vivre », *La Règle du jeu*, janvier 1996, n° 18, p. 232.

line Bisset) représente tout ce à quoi elle n'a pas accès, mais surtout, elle lui aurait enlevé toute possibilité, à elle, de réussir en étant choisie à sa place lors d'un casting. Tout ce que Catherine Lelièvre a, elle le lui prend : c'est parce que Catherine Lelièvre a tout ce à quoi elle aspire qu'elle, Jeanne, n'a rien. Elle se sent persécutée par extension par toute la famille, qui ne la voit même pas, sauf lorsqu'elle se signale, par exemple en ouvrant de façon fort peu discrète leur courrier ou en enquêtant sur leur passé.

En son temps où les mannequins n'existaient pas, Marguerite Pantaine (Aimée) avait fixé ses rêves de grandeur sur une comédienne, Huguette Duflos, dont on parlait dans les journaux. Elle aussi pensait que cette comédienne la persécutait, comme d'ailleurs Sarah Bernhardt et Colette. Élisabeth Roudinesco résume ainsi l'analyse que Jacques Lacan a faite de la personnalité d'Aimée : « La signification inconsciente du motif paranoïaque apparaissait dans un mécanisme de délire à deux où la sœur aînée se substituait à la mère, puis que la paranoïa de Marguerite surgissait au moment de la perte du premier enfant, et enfin que l'érotomanie était liée à une homosexualité [1]. » Tous ces éléments, différemment agencés, se retrouvent dans le personnage de Jeanne. Sans aucune explicitation,

1. Élisabeth Roudinesco, *Jacques Lacan, Esquisse d'une vie, histoire d'un système de pensée*, Fayard, 1993, p. 75.

ils lui donnent une cohérence psychique imparable, exaltée par le jeu d'Isabelle Huppert : active, sautillante, sans cesse en éveil, elle croit tout voir, tout interpréter, mais toujours dans le même sens, celui qui alimente sa paranoïa et fera éclater sa violence.

Isabelle Huppert raconte ainsi comment elle a créé ce personnage : « Pendant un temps, j'ai imaginé une personne d'apparence beaucoup plus masculine, austère, sans aucune indication sur son envie de séduire ou sur sa féminité. J'y ai renoncé pour ne pas rendre évidente une homosexualité qui doit rester latente. Je suis alors partie dans une voie opposée : une sexualité très agressive, un état de séduction permanent qui n'était pas non plus vraiment adapté. Puis, j'en suis arrivée, avec l'aide de la costumière Corinne Jorry, à ce petit personnage un peu sexy mais pas trop, avec ce look ni débraillé ni pauvre. J'ai opté pour quelque chose d'acidulé pour contredire la noirceur des personnages. (...) Dès le premier plan du film, il m'est apparu que toute l'expression de Jeanne tenait dans son regard : un regard extrêmement pointu, au laser, exprimant l'envie, la jalousie. Une fois trouvé ce regard, cette démarche en fait, cette espèce de côté saccadé dans l'élocution et les gestes, j'avais trouvé pratiquement le personnage. (...) Les personnes atteintes de paranoïa donnent à leur entourage ce sentiment de normalité. La seule nourriture théorique dont je m'étais imprégnée, c'était le passage du livre d'Élisabeth Roudinesco sur le cas Aimée. Il s'agit d'un cas psychopathologique bien sûr, mais il m'a aidée à comprendre comment quelqu'un peut être à la fois primaire et cérébral[1]. »

Il fallait qu'elles soient deux. L'une sans l'autre ne serait probablement pas passée à l'acte. L'une avec l'autre, elles ne font plus qu'un. La violence contenue de l'une comme de l'autre laisse présager le pire, pourtant rien n'est prémédité. Jeanne et Sophie viennent reprendre les affaires de Sophie car elle s'est fait mettre à la porte. Elles sont calmes et se préparent un chocolat. Ou plutôt, Sophie met sagement son tablier pour préparer le chocolat tandis que Jeanne s'amuse avec les armes qu'elle a trouvées. En montant vers la chambre de Sophie, Jeanne veut passer par la chambre à coucher des Lelièvre. La vision du lit défait la déchaîne : « Ils ont baisé, c'est pas possible. » Sa « vengeance » consiste à se saisir du pot de chocolat comme d'un sexe et à pisser/éjaculer le chocolat debout sur le lit, puis à déchiqueter les vêtements de Catherine Lelièvre sur la fin de l'acte I du *Don Giovanni* de Mozart. Lancée, Sophie continue dans ce registre de destruction que l'on peut encore qualifier de symbolique. Elle coupe le fil du téléphone et cette « coupure » marque un tournant. Jeanne a encore l'initiative quand

1. Isabelle Huppert, « La construction d'un personnage », *La Règle du jeu*, janvier 1996, n° 18, p. 236-237.

elle dit à Sophie : « Si on leur faisait peur ? » Mais quand Sophie ressent (et peut-être est-ce la seule fois où elle ressent quelque chose) que Jeanne est menacée par M. Lelièvre alerté par le bruit (« Je vous avais dit de ne pas remettre les pieds ici »), elle tire la première, alors que jusqu'à présent elle suivait Jeanne, participait, mais n'était à l'initiative de rien. Ensemble, elles exécutent de sang-froid le reste de la famille. Mais c'est Sophie qui tire sur les livres : si l'écrit n'existait pas, il n'y aurait pas d'illettrés !

Quand Claude Chabrol a déclaré, en 1995, qu'il avait fait le « dernier film marxiste », d'aucuns ont pensé qu'il s'agissait d'une boutade, voire d'une formule pour lancer le film. Mais il faut toujours écouter avec attention les créateurs. Lorsque les sœurs Papin, employées modèles et bien traitées par leurs maîtres ont, en 1933, sauvagement assassiné leur patronne Mme Lancelin et sa fille Geneviève, elles sont apparues, à certains, comme les victimes expiatoires de la férocité bourgeoise. L'élément déclenchant de ce massacre, une banale panne d'électricité, avait empêché l'une des sœurs de terminer son repassage. Selon Lacan, cette « panne » symbolise le silence instauré entre les maîtres et les servantes. « Le courant ne passait pas, disait-il, car on ne se parlait pas. » « Dès lors, conclut Élisabeth Roudinesco, le crime, déclenché par la panne, était la mise en acte, par la violence, de ce non-dit dont la signification échappait aux protagonistes du drame [1]. » Mais ce crime dont Jean Genet a fait un crime sacré dans *Les Bonnes*, et qui fascine encore aujourd'hui, n'annonçait-il pas la montée du fascisme et la fracture sociale née de la crise économique ?

Soixante ans plus tard, le courant passe davantage entre les employées et les patrons, via Mélinda, et il en résulte aussi un carnage. Mélinda, jeune fille favorisée, pleine de bonne volonté et consciente de la différence des milieux sociaux, s'intéresse à Sophie. C'est elle qui lui conseille de ne pas se faire exploiter par ses parents. C'est elle qui va découvrir son secret et tenter de l'aider. La différence de classes sociales n'est pas seulement indiquée par celle des moyens financiers. Certes, les Lelièvre vivent dans le confort. Mais ils vivent surtout ensemble, en famille. La famille – nous sommes en 1995 – est recomposée, mais les liens familiaux sont clairs, bien définis, harmonieux, même dans les petits conflits de la vie quotidienne. À l'extérieur, chacun mène la vie qu'il doit mener : les parents travaillent, les enfants étudient. Il n'y a rien de tout cela pour Jeanne et Sophie : elles sont seules, mais surtout sans liens ni avec leur passé ni dans le présent, et n'ont aucun avenir.

En 2002, Jacques Chirac a été triomphalement réélu président de la République, après une cam-

---

1. Élisabeth Roudinesco, *op. cit.*, p. 96.

pagne axée sur l'insécurité et une grosse frayeur provoquée par le vote Le Pen. Rétrospectivement, les déclarations de Claude Chabrol, qui est aussi un fin politique, n'apparaissent-elles pas prémonitoires de cette cassure entre une famille bourgeoise qui aurait certainement voté socialiste et un couple de paumées sans espoir, qui n'aurait peut-être pas échappé au vote Le Pen ?

Dans *Merci pour le chocolat* (2000), s'il n'y a plus de différence de classes sociales, le thème de l'exclusion et les jeux de ressemblance sont bien présents. C'est chez Charlotte Armstrong (*The Chocolate Cobweb*, 1947) que Claude Chabrol a trouvé les ingrédients de base – la répétition d'une même situation à dix ans d'intervalle, l'éventualité d'un échange d'enfants – pour faire un film sur la perversité. Marie-Claire dite Mika Muller, au prénom clair et opaque, PDG des chocolats Muller, se remarie à Lausanne avec André Polonski, pianiste virtuose, après une première et brève union, vingt ans auparavant. André avait alors épousé Lisbeth, dont il a eu un fils, Guillaume, présent lors du remariage de son père. Le jour de ses dix ans, alors qu'ils étaient de passage en Suisse chez Mika, Lisbeth s'est tuée dans un accident de voiture en allant acheter des somnifères pour son mari.

La jeune Jeanne Pollet, fille de la directrice de l'Institut médico-légal, prépare le concours de piano de Budapest. Elle apprend incidemment qu'elle a failli être échangée à la clinique, le jour de sa naissance, avec Guillaume Polonski. Et un peu plus tard, que son père qui est mort n'est pas son père biologique car il était stérile. Sa mère a accepté l'insémination avec donneur et le silence imposé par son mari.

L'histoire de la clinique donne un prétexte à Jeanne pour pénétrer chez Polonski. Il est très clair qu'il n'est pas son père, mais la musique et l'imminence du concours les rapprochent. Le fils, Guillaume, en souffre et Mika observe. Elle agit aussi, et d'une curieuse façon. En faisant visiter sa maison à Jeanne, elle renverse – par maladresse ? – le chocolat préparé pour Guillaume. Jeanne découvrira sur son pull taché des traces de somnifère dans ce chocolat qui ne lui était pas destiné.

Dans la même maison, lieu de tous les replis, trois mondes s'excluant mutuellement se croisent : celui de l'adolescence, incarné par le fils, Guillaume ; celui de la création, le plus hermétique, partagé par Jeanne et Polonski ; celui de Mika, qui va répéter implacablement le scénario qu'elle avait déjà mis en œuvre pour « endormir » sa rivale, la mère de Guillaume. Son plan échouera de justesse. Polonski devra admettre ce qui était pour lui un mystère dont il avait pourtant tous les éléments : c'est Mika qui a tué Lisbeth, comme elle a voulu tuer Guillaume et Jeanne.

Merci pour le chocolat est un film qui détruit toutes les certitudes, en particulier celles des liens familiaux et des origines. La déconstruction est évidente si l'on compare la première scène à la dernière. Alors que ce sont les scènes les plus importantes, elles sont « hors champ » : la première précède le générique et la dernière est interrompue par le générique de fin, au point que bien des spectateurs auront déjà quitté la salle.

La scène du remariage qui inaugure le film est relativement vivante, ne serait-ce que par le nombre des personnages et la masse d'informations distillées : les gens – les témoins – parlent de ce couple et l'on apprend ce qu'ils font, ce qu'ils sont, leurs liens passés et présents. Si l'on est très attentif, on ne peut qu'être intrigué par la mariée, Mika, qui lance tout à trac : « Personne ne m'a faite. » Fantasme d'auto-engendrement propre à ceux ou à celles qui ne peuvent ressentir que la vie leur a été donnée, ce qui laisse présager quelques difficultés dans leurs relations au monde et à eux-mêmes. À la fin, il n'y a plus que deux, puis un seul personnage. L'union du début aboutit à une désunion. Le film n'avance pas, il recule, il ne s'ouvre pas, il se referme, il se termine par « Au commencement... » : après avoir été découverte par son mari, Mika laisse les larmes couler sur son visage qui ne les sent pas, puis elle se met en position fœtale sur la toile d'araignée crochetée – sa seule création –, comme si elle pouvait renaître en étant enfin elle-même, au son des *Funérailles* de Liszt que son mari est retourné jouer. Violette Nozière et Mika Muller ont un point commun : le crime a valeur d'expérience initiatique pour advenir à soi-même. « Tu quitteras ton père et ta mère » devient « Tu tueras ton père et ta mère ». Entre-temps, Claude Chabrol a lui-même tissé sa toile : la Suisse, où l'action se situe, se dit « neutre », mais c'est une fiction. Le chocolat, symbole de douceur et de plaisir, apporte l'argent et devient poison mortifère. Tous les personnages que l'on pourrait objectivement situer du côté du bien ou du mal, du mensonge ou de la vérité, de l'égoïsme ou de la générosité, présentent des failles. Le spectateur est ébranlé car son jugement, s'il en a un, est sans cesse remis en question : qui est condamnable, qui ne l'est pas ? Ou plutôt : qu'est-ce qui, chez tel personnage luttant entre un bien qui n'est pas sûr et un mal qui n'est pas prouvé, est condamnable ou pas ? Ce n'est plus, comme dans *Violette Nozière* ou *Une affaire de femmes*, le jugement de la société qui est mis en cause, mais celui du spectateur. Claude Chabrol le laisse sur sa faim. Une clé, comme il le dira dans une interview, serait la suivante : dans le film, il y a des repas mais personne ne consomme.

Comme dans *La Cérémonie*, la musique exclut ceux qui n'y ont pas accès et rapproche ceux qui l'écoutent ensemble (la famille Lelièvre) ou qui la font ensemble (Jeanne et Polonski). La scène où

Jeanne Pollet et André Polonski interprètent à deux pianos *En blanc et noir*, de Debussy, est une des plus belles scènes d'amour du cinéma : ils sont seuls au monde derrière une porte fermée, ils ne se touchent pas sauf par le regard. Par les mains aussi, qui communient d'un clavier à l'autre. La musique, ils la font, ils l'éprouvent car elle leur vient du corps. Elle touche l'autre qui répond en lui, en elle, pour l'autre. Et c'est infiniment érotique.

Pour montrer à quel point l'autre monde, celui de Mika et de Guillaume, est coupé de celui de Jeanne et André, la scène se termine sur... le pied de Guillaume que Mika vient de brûler. Elle aussi peut atteindre l'autre dans son corps – par maladresse – mais, comme dit Jeanne, « elle y va un peu fort ». On est loin de la communion subtile des corps, celle qui se passe de mots.

Mika provoque en même temps qu'elle cristallise les failles de tous les autres. Elle ne s'extériorise pas, elle intériorise. Alors que dans *La Cérémonie* la violence explosait, ici elle implose. La perversité du personnage n'est pas tant une entité clinique telle qu'elle est décrite dans les manuels de psychiatrie ou les livres de psychanalyse, qu'une certaine façon de penser et d'être, ou plus exactement une certaine façon de s'empêcher d'être. Sur elle, les émotions glissent comme l'eau sur les plumes d'un canard. Pour traduire ce manque d'intégrité physique transformé en carapace, Claude Chabrol s'est souvenu d'un geste que lui avait proposé Jean-Louis Trintignant dans *Les Biches*, et qu'Isabelle Huppert a repris : se gratter le dos en parlant. Lorsque les paroles prononcées ne sont pas ressenties, Mika se donne une petite sensation physique en se grattant, mais dans le dos : ça ne se voit pas. Elle sait « endormir son monde », comme le lui reprochera son mari, lui-même totalement imperméable à ce qui n'est pas son monde à lui, la musique. Pour traduire son incertitude quant au chemin à prendre, Isabelle Huppert, dans la scène finale, a choisi elle-même de quel côté du canapé elle passait. Sa maladresse, consciente ou non, laisse transparaître que sa violence s'exprime sous forme inversée : se dévouer aux autres, faire le bien prend la dimension d'une « passion de la misère ». Quand on n'est pas maladroit, cette passion peut mener à la sainteté...

Isabelle Huppert a ainsi construit son personnage : « Au début du tournage, je jouais un peu à l'aveuglette, je sentais que je tenais le personnage, mais je ne savais pas vraiment comment ni pourquoi. Puis, il y a eu cette scène de repas où Mika annonce qu'elle a été adoptée. Tout à coup, c'est évident, elle répète ce qu'on lui a toujours dit, sans y adhérer, elle récite sa leçon. Je me suis entendue parler ainsi, alors que ce n'était pas prémédité. À ce moment très précis, je me suis dit : "Voilà, je la tiens, j'ai trouvé sa voix, sa manière de s'exprimer." C'est une manière de parler un peu mécanique, car

Mika ne sait pas qui elle est, elle n'est que du vide, elle n'a que des chocolats et de l'argent, elle n'a pas d'âme, pas de substance. Elle n'est pas habitée par les mots qu'elle prononce, mais seulement traversée par eux[1]... »

Mais, une fois n'est pas coutume, lorsque la carapace se fissure, ce sont des mots vrais, enfin, qui sortent : « Le mal, c'est que je détourne le bien. Plus c'est violent en moi, plus ça se manifeste en bien. Je donne, je donne, je peux jamais demander, j'ai même pas demandé à vivre. Je sais ce que je suis, je ne suis rien. Moi, à la place d'aimer, je dis : "Je t'aime" et on me croit. J'ai une vraie puissance dans ma tête. Je calcule tout. » Paroles terrifiantes, que le contexte rend pathétiques. La répétition du meurtre par « endormissement » n'a d'autre mobile que de répéter, comme si venir de nulle part ne menait nulle part. On oublie parfois que l'énergie qui anime l'ambitieux ou le passionné ne se met pas toujours au service de nobles causes. C'est bien ce que souligne le psychanalyste Serge André lorsqu'il écrit : « Être hors monde, être immonde, peut signifier une ambition aussi dévorante que celle d'être un chef[2]. »

La Cérémonie et *Merci pour le chocolat* traitent de la répétition : ces femmes tuent et l'on peut com-

---

1. *Télérama*, 25 octobre 2000.
2. Serge André, *L'Imposture perverse*, Seuil, 1993.

prendre que c'est parce qu'elles ont déjà tué mais que leur premier crime n'a été ni reconnu ni sanctionné. La répétition sert à révéler le passé... et à faire de bons films.

Ce phénomène est bien connu, quoique l'explication n'en soit pas toujours aisée. Traiter de la répétition du crime n'est pas la voie la plus banale quand on veut aborder ce sujet. On dit par exemple que les parents maltraitants ont été des enfants maltraités, que les pédophiles sont d'anciens enfants violentés, on dit aussi plus banalement de la seconde femme d'un homme qu'elle ressemble singulièrement à la première, si ce n'est qu'elle a vingt ans de moins... On dit moins – pas même pour les tueurs en série – que quelqu'un tue parce qu'il a déjà tué. Dans les procès d'assises, les antécédents du criminel sont passés au peigne fin, mais peut-être n'est-ce ni le lieu ni la méthode pour saisir les motivations inconscientes des protagonistes, et on sait bien que les motivations conscientes n'expliquent pas tout. Il y a cependant un point commun entre ces films et les personnes qui répètent sur d'autres ce qu'elles ont déjà vécu : c'est la dimension du secret et de l'impunité qui a entouré les faits traumatiques ou délictueux survenus dans l'enfance.

La Fleur du mal traite de *la transmission de la répétition* dans la bourgeoisie provinciale d'aujourd'hui. L'idée de départ du scénario était la suivante : raconter l'histoire d'une femme acquittée pour un crime qu'elle a commis et qui va s'accuser d'un crime qu'elle n'a pas commis. Jusque-là, la différence avec les deux films précédents aurait été la suivante : le crime passé est connu (et non dissimulé) mais il n'a pas été puni. La répétition ne consiste pas à tuer une seconde fois, éventuellement pour être enfin sanctionnée, mais à transmettre à deux générations de distance la même situation originelle : la personne qui commet le crime ne sera pas sanctionnée.

Mais Claude Chabrol, à sa façon, a subverti le sujet. *La Fleur du mal* met en scène ce qui reste de trois générations de la famille Charpin-Vasseur appartenant à la bourgeoisie bordelaise. Première génération : Micheline Charpin, dite Tante Line (Suzanne Flon). Deuxième génération : Anne Charpin-Vasseur (Nathalie Baye), nièce de Tante Line, et son mari Gérard Vasseur (Bernard Le Coq). Troisième génération : Michèle Charpin-Vasseur (Mélanie Doutey), fille d'Anne et de son premier mari décédé en 1981, et François Vasseur (Benoît Magimel), fils de Gérard Vasseur et de Nathalie, morte en même temps que le père de Michèle, en 1981.

En revenant des États-Unis où il a passé plusieurs années, François (Benoît Magimel) trouve la situation suivante : son père, égal à lui-même, a fait grossir la pharmacie familiale. Tante Line, inchangée, tient la maison. Elle manifeste une tendresse particulière pour François, qui porte le même prénom que son frère tant aimé, disparu depuis fort longtemps. La jeune Michèle retrouve immédiatement les sentiments que lui inspirait François avant son départ et veut lui faire reconnaître que la réciprocité de ces sentiments est la cause de son départ, pour ne pas dire de sa fuite. Il n'y a pas de mots dans la langue française pour signifier ce lien de parenté si fréquent dans ce qu'on appelle aujourd'hui les familles recomposées : la mère de Michèle a épousé le père de François. Ils sont comme frère et sœur. Quant à Anne, la mère de Michèle et belle-mère de François, elle est en pleine campagne électorale pour se faire élire maire de la ville, assistée par Matthieu Lartigue (Thomas Chabrol), au grand déplaisir de son mari.

Dès la fin du repas de bienvenue, Matthieu, le second de liste, vient apporter un tract vengeur concernant la candidate. On y apprend sous une forme odieuse la complexité des liens familiaux : Anne, la candidate, a épousé le frère de son mari, lorsque ce dernier est mort en même temps que sa belle-sœur. En remontant dans le temps, on apprend que ses parents à elle sont morts ensemble dans un autre accident. Plus grave, le père de Tante Line a occupé « un important poste administratif entre 1940 et 1944 », tandis que son fils, François, s'est fait tuer comme maquisard. Le père de Tante Line a été tué en 1944 dans des conditions mal éclaircies, Tante Line a été soupçonnée, jugée et a obtenu un non-lieu.

Les familles Charpin et Vasseur se marient entre elles depuis deux générations et la troisième, représentée par François (Benoît Magimel) et Michèle (Mélanie Doutey), est bien partie pour en faire autant. Ils ne sont pas seulement comme frère et sœur, ils sont aussi cousins.

Trois générations, donc, mais aussi trois types de lieux : les maisons familiales, immuables, les lieux qui concernent la campagne électorale (les HLM, le QG de campagne, la mairie) et la pharmacie-laboratoire, le domaine de Gérard Vasseur. Si l'action, qui se déroule en cercles concentriques, conduit les personnages dans ces différents lieux, ils reviennent toujours, tous, à la maison familiale.

Trois générations, trois types de lieux, trois pistes pour créer le suspense : la campagne électorale est un faux suspense mais elle fait avancer l'action. Je ne crois pas que le spectateur doute du succès d'Anne, que tout annonce, mais on se dirige quand même vers le jour de l'élection. Un dénouement comme un autre. Plus crédible est la question de savoir qui a écrit le tract dénonciateur. Le candidat d'extrême droite ou le mari de la candidate ? Ce suspense est aussi une fausse piste, car le problème n'est pas tant de savoir si le mari de la candidate est vraiment l'auteur du tract que le fait que tous les membres de la famille l'en croient capable.

Le crime qui inaugure la troisième partie du film n'était prévisible que pour ceux qui ont regardé très attentivement le début : on y voit un homme assassiné. Mais cette fois, le spectateur assiste au meurtre. Il sait de qui il s'agit, qui a tué et pourquoi. Il peut à peine se demander si la charmante Michèle va être démasquée car il est difficile d'imaginer qu'il en soit autrement. Les ressorts habituels du film policier (qui a tué ? pourquoi ? sera-t-il découvert ?) sont totalement subvertis. Si tant est que le spectateur se souvienne du plan énigmatique du début, celui-ci prend alors son sens, mais c'est tout. L'impasse est totale, mais brève, car c'est évidemment à ce point que Claude Chabrol souhaitait nous conduire pour nous dire son propos, par la voix de Micheline et l'immense talent de Suzanne Flon. Michèle a tué son beau-père par accident – bien qu'elle ait quasi consciemment souhaité son éviction, sinon sa mort. Ce crime est en réalité assez proche de celui que Tante Line lui avoue avoir commis : elle a bien tué son père – qui était un salaud. Et les deux meurtrières étaient amoureuses de leur frère... ce que les victimes n'ignoraient pas.

La scène où grand-tante et petite-nièce tirent le corps dans l'escalier deviendra probablement une scène d'anthologie, à la fois par les astuces de la mise en scène et le contraste entre le tragique de la situation et le fou rire libérateur et communicatif des deux femmes.

Micheline construit la répétition et, pour la construire, elle la vit (« J'ai l'impression de refaire les choses à l'envers », dit-elle). Comme elles sont deux, elle est aussi obligée de mettre des mots sur ce qu'elle vit, sans forcément être consciente qu'elle transmet le flambeau à sa petite-nièce : Michèle, comme Micheline, à cause de Micheline qui va s'accuser de ce crime, va être « acquittée » pour un crime qu'elle a bien commis. On imagine la suite... Seule différence entre Micheline et Michèle : le François de la première est mort, celui de la seconde est présent.

Mais au-delà de cette histoire fort singulière, la mise en scène de Claude Chabrol dit quelque chose sur la bourgeoisie : « Le temps n'existe pas. C'est un présent perpétuel. » Comment mettre en scène une phrase abstraite ? Par les personnages et les décors. Si la bourgeoisie changeait, sur trois générations, ça devrait se voir. Or ces personnages n'ont que l'apparence du changement : ils se reproduisent, ils sont d'âges différents mais ce sont les mêmes à toutes les générations. Ils ont néanmoins l'apparence de la modernité : Tante Line, bien qu'assez âgée, est d'une activité et d'un dynamisme que les journaux ne cessent de promouvoir. Sa nièce, Anne, se lance dans la politique portée par l'époque, dans un pays où la parité est inscrite dans la Constitution. Aller faire ses études aux États-Unis est un privilège récent pour les jeunes bourgeois et les études de psychologie attirent nombre de jeunes filles qui pensent résoudre leurs problèmes personnels. Pour coucher ensemble avant le mariage, le jeune couple se met à l'écart dans une autre maison familiale mais n'en perpétue pas moins la tradition familiale. Et quand un événement inhabituel comme le meurtre de Gérard Vasseur survient, il sert à perpétuer le passé et non à rompre avec lui.

Le traitement du décor des maisons familiales, si l'on y prête attention, est encore plus symbolique de ce « présent perpétuel ». Les maisons se transmettent de génération en génération. Dans le film, on le sait mais surtout on le voit. Les souvenirs, habituellement montrés sous la forme bien connue du flash-back, sont ici traités comme des « non-flash-back ». Seuls des changements à peine perceptibles indiquent qu'il s'agit du passé. Pourquoi changer, si ce n'est la couleur du papier peint, puisque rien ne change ?

Dans les films précédents, Claude Chabrol avait pris plus de gants : Why, l'héroïne des *Biches*, tue une bourgeoise riche et oisive mais pour prendre sa place. Dans *Violette Nozière* et *Une affaire de femmes,* la bourgeoisie est peu montrée puisque les héroïnes sont des prolétaires. Elle est traitée en tant qu'institution jugeant le prolétariat selon ses normes, qu'elle voudrait faire passer pour « justes ». Si les bourgeois de *La Cérémonie* y passent, c'est parce qu'ils ont trouvé, sur leur chemin, deux filles folles. Dans *Merci pour le chocolat*, Mika tue à distance dans son propre milieu, mais il est aisé de lui imputer une pathologie psychique qui aurait valeur d'explication. *La Fleur du mal* épure le propos : tout se passe dans le huis clos de la même famille, d'autant plus refermée sur elle-même que les mariages consanguins sont la règle. Les personnages sont d'une effrayante normalité. S'il n'y avait pas de crime, peut-être n'y aurait-il rien à raconter, puisque rien ne change. Mais même le crime est utilisé pour signifier que rien ne change. Jamais.

« Pourquoi l'art, écrit Éliette Abécassis, si ce n'est pour exprimer le meurtre dans la société ? L'art, contestataire en son essence, est là pour dénoncer, pour vomir le monde. Non pas pour le louer, non pour le décrire, non pour donner sens au monde absurde, non pour satisfaire, apaiser, non pour s'évader de ce monde ; non pour le critiquer, mais pour le vomir. Comme le dit Nietzsche, "aucun artiste ne tolère le réel". C'est de ce sentiment que naît l'art. C'est pourquoi, même épuré, même classique, l'art est violent [1]. » On ne saurait mieux dire des films de Claude Chabrol : ils sont violents. Oui, mais pourquoi le crime commis par des femmes ?

1. Éliette Abécassis, *Petite métaphysique du meurtre*, PUF, 1998, p. 98.

Avançons une hypothèse : parce que Claude Chabrol est un homme, un créateur et que son œuvre est autobiographique.

Dans une postface remarquable à son roman *Flac*, le psychanalyste Serge André écrit : « La part autobiographique d'une œuvre n'est pas un reportage au cours duquel "je" se prendrait pour objet. C'est une exploration de l'inconnu au cours de laquelle le narrateur rencontre, au détour du chemin, une sorte de double qui l'extrait de lui-même et le prolonge au-delà de lui-même [1]. »

Je me moque toujours un peu de Claude Chabrol quand il déclare : « Je n'ai pas d'ego. » Je crois que j'ai tort et qu'il a raison. Ce n'est pas « ego » qu'il faut retenir mais « Je n'ai pas ». C'est parce qu'il sait se servir de ne pas tout avoir, de ne pas tout savoir que l'artiste peut aller vers l'insaisissable : la féminité et le crime.

Nous avons souvent l'illusion que la vérité est cachée derrière le voile, ce qui signifierait que les héroïnes chabroliennes ou les histoires qu'elles incarnent seraient des masques dissimulant l'auteur. Mais la vérité, s'il en est une, a elle-même une structure de fiction : derrière le voile, on trouve un autre voile.

Dans la relation singulière qui lie Claude Cha-

1. Serge André, *Flac* suivi de *L'écriture commence où finit la psychanalyse*, QUE, 2001.

brol et Isabelle Huppert, il est remarquable qu'elle dise qu'ils se parlent très peu, que la relation passe par la mise en scène, qu'elle se sent comme un papillon pris dans un filet : prisonnière et libre à la fois. De son côté, ce que Claude Chabrol paraît apprécier le plus chez son actrice, c'est qu'elle le surprenne, qu'elle fasse surgir quelque chose de plus vrai ou de plus réel que ce qu'il avait imaginé, qu'elle l'emmène précisément vers ce à quoi il n'avait pas accès. C'est, semble-t-il, ce que l'écrivain peut attendre de l'écriture.

Le crime aussi – parce qu'il lui est totalement étranger – a de quoi surprendre Claude Chabrol, comme nombre de metteurs en scène avant lui. « Tous ces auteurs, écrit-il, ont un point commun : ils cessent de considérer le crime ou tout autre élément policier comme une situation dramatique pouvant prêter à des variations plus ou moins habiles, mais l'envisagent soit d'un point de vue ontologique (c'est le cas de Ray, de Losey ou de Dassin), soit métaphysique (c'est le cas de Welles, de Lang ou d'Hitchcock) [1]. »

Claude Chabrol pose de mille façons la question de savoir d'où vient le mal et ce qu'il engendre. Mais contrairement à ce qu'on entend parfois, il ne se contente pas d'être un illustrateur de faits

1. Claude Chabrol, « Évolution du film policier », *Cahiers du cinéma*, n° 54, Noël 1955.

divers ou un chroniqueur de la vie bourgeoise. Grâce à la femme criminelle, fine fleur du mal, il va lui-même au-delà de l'incompréhensible, de l'irrationnel et de la barbarie, et nous y entraîne, que l'on y consente ou pas. « Les meilleurs critères d'une œuvre authentique, écrivait-il en 1955, ne sont-ils pas le plus souvent sa totale inconscience et sa parfaite nécessité[1] ? »

1. *Ibid.*

Les femmes criminelles
dans les films
de Claude Chabrol

Filmographie

Les biches
1967

Scénario : Claude Chabrol et Paul Gégauff.
Dialogues : Paul Gégauff, Jean Rabier.
Décor : Marc Berthier.
Son : Guy Chichignoud.
Montage : J. Gaillard.
Musique : Pierre Jansen.
Direction musicale : Jacques Baudry.
Costumes : Maurice Albray.
Production : Films La Boétie (A. Génovès) et Alexandra (Rome).
Directeur de la production : Georges Casati.
Sortie à Paris : 22 mars 1968.

Interprètes :

Stéphane Audran (Frédérique).
Jacqueline Sassard (Why).
Jean-Louis Trintignant (Paul Thomas).
Henri Attal (Robègue).
Dominique Zardi (Riais).

Nane Germon (Violetta).
Serge Bento (l'antiquaire).
Claude Chabrol (le metteur en scène).

Violette Nozière
1978

Scénario : Odile Barski, Hervé Bromberger, Frédéric Grendel, Claude Chabrol.
Dialogues : Odile Barski, d'après le livre de Jean-Marie Fitère (Presses de la Cité).
Directeur de la photographie : Jean Rabier.
Décor : Jacques Brizzio.
Musique : Pierre Jansen.
Son : Patrick Rousseau.
Montage : Yves Langlois.
Costumes : Pierre Nourry.
Production : Filmel (Eguène Lépicier), FR3/Cinévidéo (Denis Héroux) Montréal.
Directeurs de la production : Roger Morand, Francis Peltier.
Distribution : Gaumont.
Sortie à Paris : 24 mai 1978.

Interprètes :

Isabelle Huppert (Violette Nozière).
Stéphane Audran (Germaine Nozière).
Jean Carmet (Baptiste Nozière).
Lisa Langlois (Maddy).
Jean-François Garreaud (Jean Dabin).
Bernard Alane (le fils Pinguet).

Dora Doll (Mme Mayeul).
Bernadette Lafont (une co-détenue).

Une affaire de femmes
1988

Scénario, adaptation : Colo Tavernier O'Hagan et Claude Chabrol, inspiré librement de *Une affaire de femmes*, de Francis Szpiner (Éditions André Balland).
Dialogues : Colo Tavernier O'Hagan.
Musique : Matthieu Chabrol.
Directeur de la photographie : Jean Rabier.
Ingénieurs du son : Jean-Bernard Thomasson, Maurice Gilbert.
Décor : Françoise Benoît-Fresco.
Montage : Monique Fardoulis.
Directeur de production : Yvon Crenn.
Producteur : Marin Karmitz.
Production : MK2 Productions, Films A2, Films du Camélia, La Sept, en association avec la Sofica Sofinergie.
Sortie : 21 septembre 1988.
Distributeur : MK2 Diffusion.

Interprètes :

Isabelle Huppert (Marie Latour).
François Cluzet (Paul Latour).
Marie Trintignant (Lucie).
Nils Tavernier (Lucien).
Lolita Chammah (Mouche 2).
Aurore Gauvin (Mouche 1).
Guillaume Foutrier (Pierrot 1).

Nicolas Foutrier (Pierrot 2).
Marie Bunel (Ginette).
Dominique Blanc (Jasmine).
Louis Ducreux (le Père Mourier).

La cérémonie
1995

Scénario, adaptation et dialogues : Claude Chabrol et Caroline Éliacheff, d'après le roman de Ruth Rendell, *A Judgement in Stone* (*L'Analphabète*, Éditions du Masque, traduction Jean-Michel Alamagny).
Musique : Matthieu Chabrol.
Directeur de la photographie : Bernard Zitzermann, AFC.
Ingénieurs du son : Jean-Bernard Thomasson, Claude Villand.
Décor : Daniel Mercier.
Costumes : Corinne Jorry.
Montage : Monique Fardoulis.
Producteur : Marin Karmitz.
Directeur de production : Yvon Crenn.
Coproduction : MK2 Productions, France 3 Cinéma, Prokino Filmproduktion GmbH, Olga Film ZDF, avec la participation de Canal + et le Centre national de la cinématographie, et le soutien de La Procirep et des Productions Traversière.
Sortie : 30 août 1995.
Distributeur : MK2 Diffusion.

Interprètes :

Isabelle Huppert (Jeanne Marchal).
Sandrine Bonnaire (Sophie Bonhomme).

Jacqueline Bisset (Catherine Lelièvre).
Jean-Pierre Cassel (Georges Lelièvre).
Virginie Ledoyen (Mélinda Lelièvre).
Valentin Merlet (Gilles Lelièvre).
Julien Rochefort (Jérémie).
Dominique Frot (Mme Lantier).

Merci pour le chocolat
2000

Adaptation et dialogues : Claude Chabrol et Caroline Eliacheff, d'après l'œuvre de Charlotte Armstrong, *The Chocolate Cobweb.*
Musique : Matthieu Chabrol.
Directeur de la photographie : Renato Berta.
Son : Jean-Pierre Duret et Claude Villand.
Décors : Yvan Niclass.
Costumes : Élisabeth Tavernier.
Montage : Monique Fardoulis.
Producteur : Marin Karmitz.
Producteur exécutif : Yvon Crenn.
Coproduction : MK2 Productions et CAB Productions, France 2 Cinéma, Télévision suisse-romande et YMC Productions, avec la participation de Canal +, de l'Office fédéral de la culture suisse et de Téléclub.
Sortie : 25 octobre 2000.

Interprètes :

Isabelle Huppert (Mika Muller).
Jacques Dutronc (André Polonski).
Anne Mouglalis (Jeanne Pollet).
Rodolphe Pauly (Guillaume Polonski).

Michel Robin (Axel).
Brigitte Catillon (Mme Pollet).

La Fleur du mal
2002

Scénario : Caroline Eliacheff et Louise L. Lambrichs.
Adaptation et dialogues : Claude Chabrol.
Musique : Matthieu Chabrol.
Directeur de la photographie : Eduardo Serra.
Son : Pierre Lenoir et Thierry Lebon.
Décors : Françoise Benoit-Fresco.
Costumes : MIC Cheminal.
Montage : Monique Fardoulis.
Producteur : Marin Karmitz.
Producteur exécutif : Yvon Crenn.
Production : MK2 SA et France 3 Cinéma, avec la participation de Canal + et du Conseil régional d'Aquitaine.
Sortie : 19 février 2003.

Interprètes :

Nathalie Baye (Anne Charpin-Vasseur).
Benoît Magimel (François Vasseur).
Suzanne Flon (Micheline Charpin).
Bernard Le Coq (Gérard Vasseur).
Mélanie Doutey (Michèle Charpin-Vasseur).
Thomas Chabrol (Matthieu Lartigue).

Table

La composition de cet ouvrage
a été réalisée par I.G.S. Charente Photogravure,
à l'Isle-d'Espagnac,
l'impression et le brochage ont été effectués
sur presse Cameron dans les ateliers
de Bussière Camedan Imprimeries
à Saint-Amand-Montrond (Cher),
pour le compte des Éditions Albin Michel.

Achevé d'imprimer en janvier 2003.
N° d'édition : 21260. N° d'impression : 030534/1.
Dépôt légal : février 2003.

Imprimé en France